기초튼튼

어린이

수학

①

기획 : 와이앤엠 편집부

와이앤엠

차 례

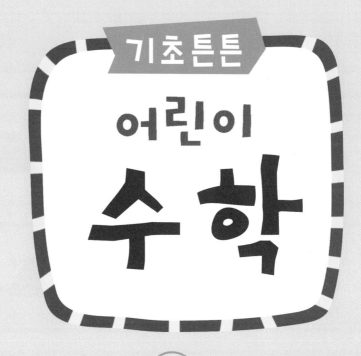

기초튼튼

어린이 수학

①

1. 5까지의 수

수	읽기	쓰기	그림
1	일 하나	1	
2	이 둘	2	
3	삼 셋	3	
4	사 넷	4	
5	오 다섯	5	

1. 5까지의 수

★ 1부터 5까지의 수를 써 보세요.

수	따라 쓰기

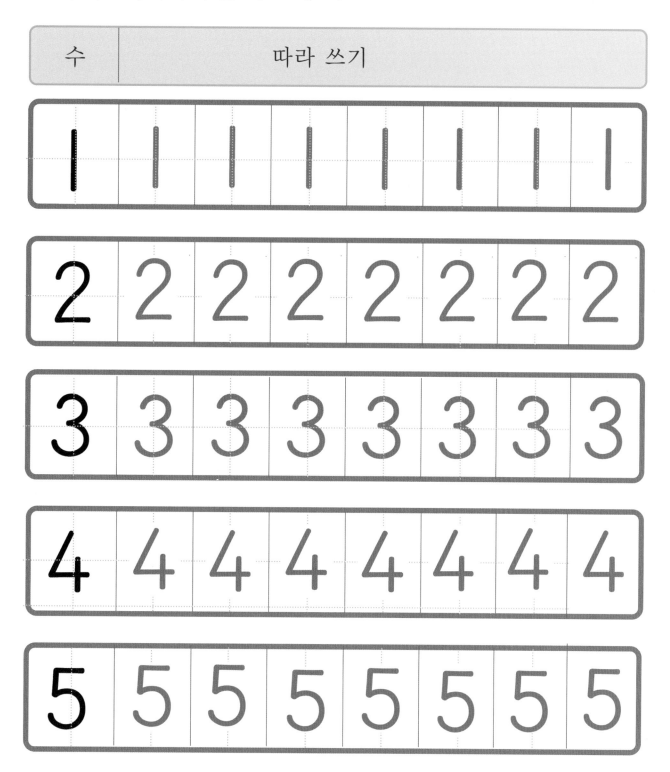

1. 5까지의 수

(1) 알맞는 수 끼리 연결해 보세요.

(2) 아래 수를 순서대로 써 보세요.

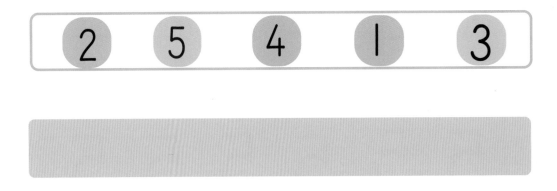

1. 5까지의 수

(3) 수를 따라 쓰면서 익혀 보세요.

일	일	일	일	일
이	이	이	이	이
삼	삼	삼	삼	삼
사	사	사	사	사
오	오	오	오	오
하나	하나	하나	하나	하나
둘	둘	둘	둘	둘
셋	셋	셋	셋	셋
넷	넷	넷	넷	넷
다섯	다섯	다섯	다섯	다섯

2. 수의 순서

★ 수를 순서대로 써 보세요.

(1)

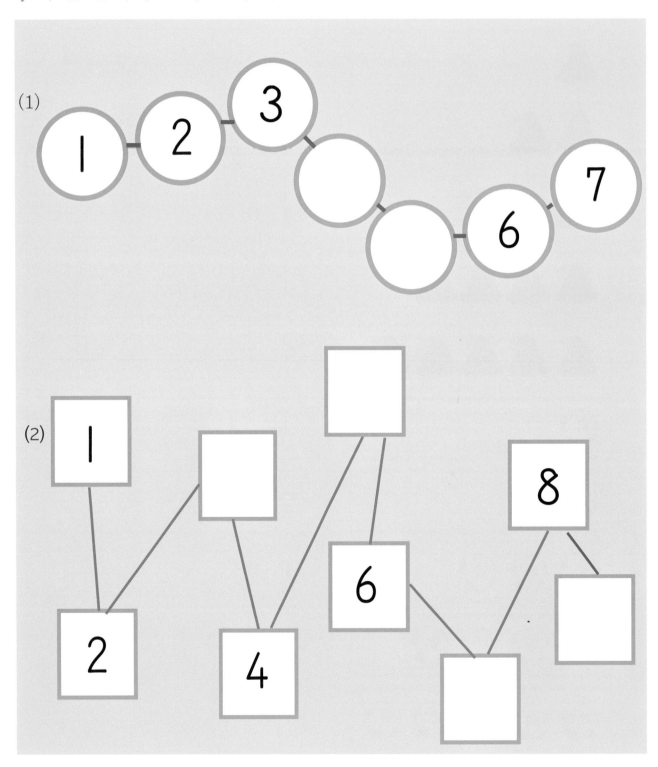

(2)

2. 수의 순서

★ 수를 거꾸로 하여 써 보세요.

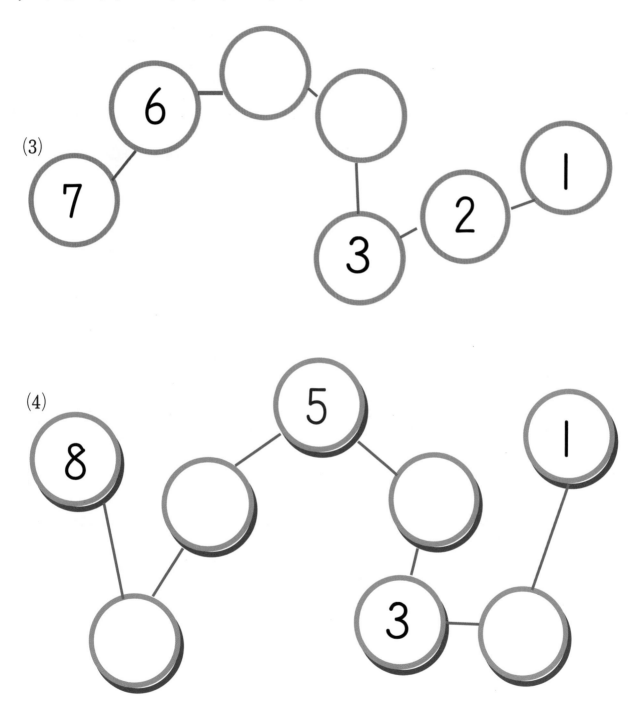

(3)

(4)

2. 수의 순서

★ 수를 순서대로 따라가 보세요.

★ 그림의 개수를 세어보고 아래 알맞은 숫자에 동그라미표를 하세요.

  3 4 5

  4 5 6

  2 3 4

  1 2 3

3. 5까지의 수 익히기

⭐ 같은 수끼리 줄로 이어 보세요.

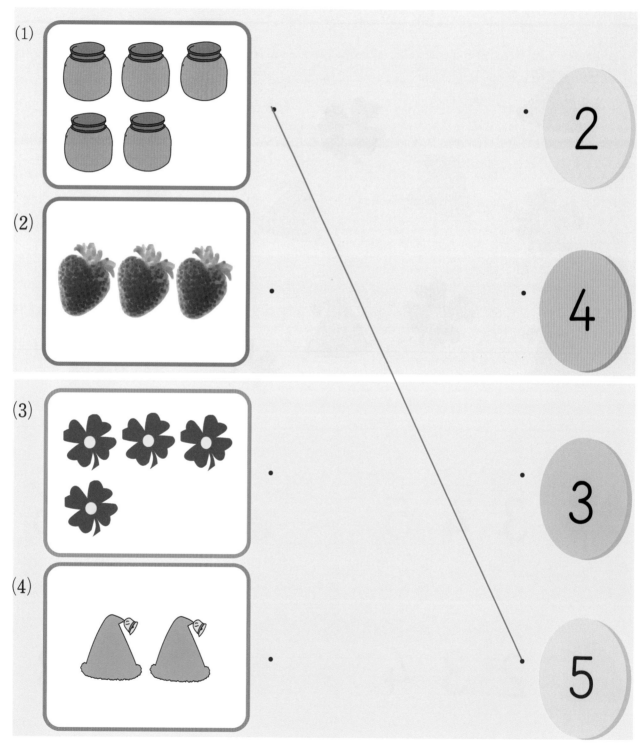

3. 5까지의 수 익히기

★ 같은 수끼리 줄로 이어 보세요.

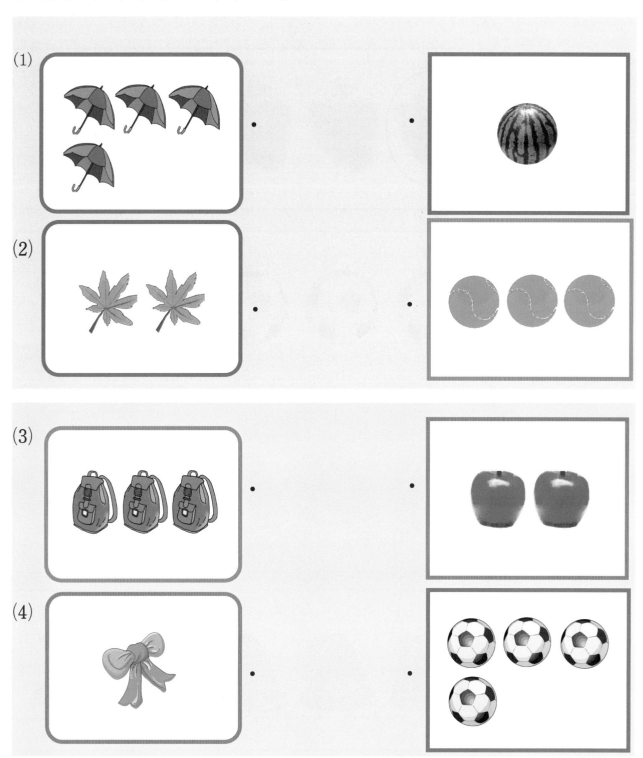

(1)

(2)

(3)

(4)

3. 5까지의 수 익히기

⭐ 왼쪽에서 가리키는 수만큼 묶어 보세요.

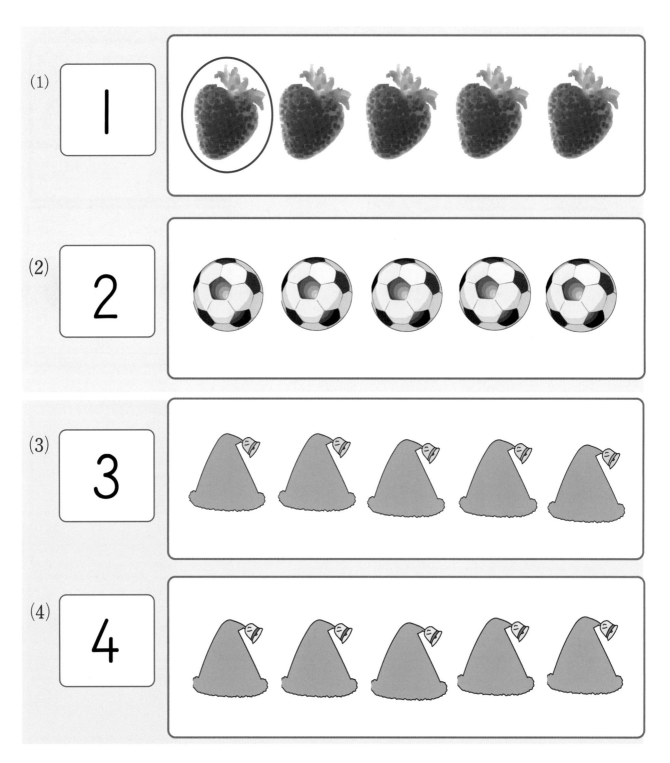

(1) 1

(2) 2

(3) 3

(4) 4

3. 5까지의 수 익히기

⭐ 왼쪽에서 가리키는 수만큼 묶어 보세요.

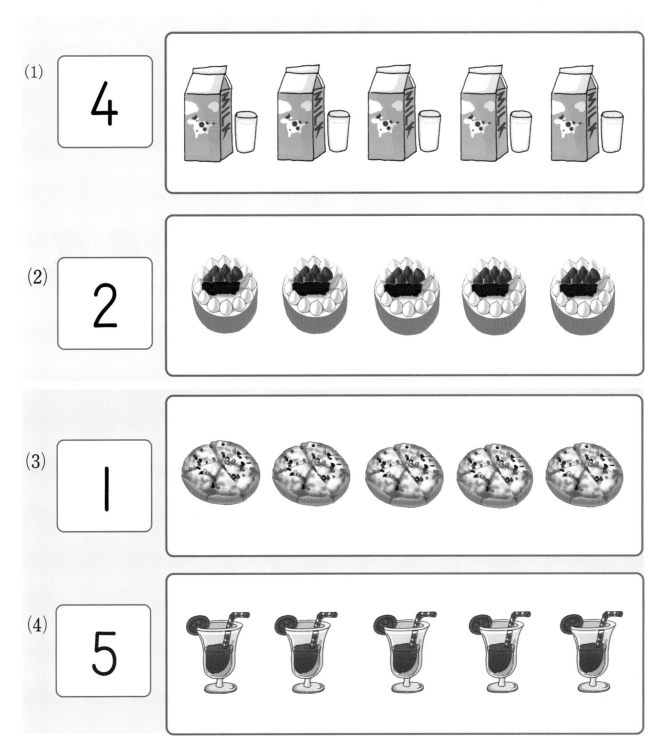

(1) 4

(2) 2

(3) 1

(4) 5

3. 5까지의 수 익히기

⭐ 왼쪽의 개수와 같은 것에 O표를 하세요.

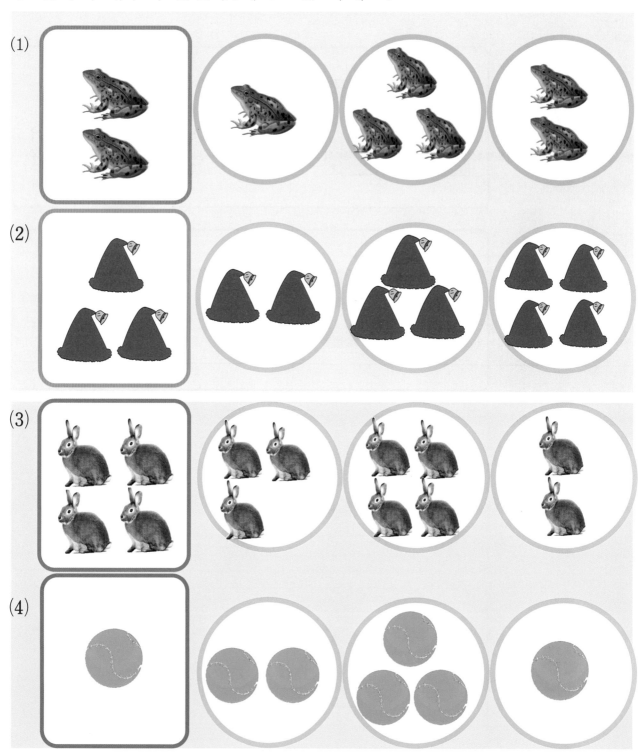

3. 5까지의 수 익히기

⭐ 왼쪽의 개수와 같은 것에 ○표를 하세요.

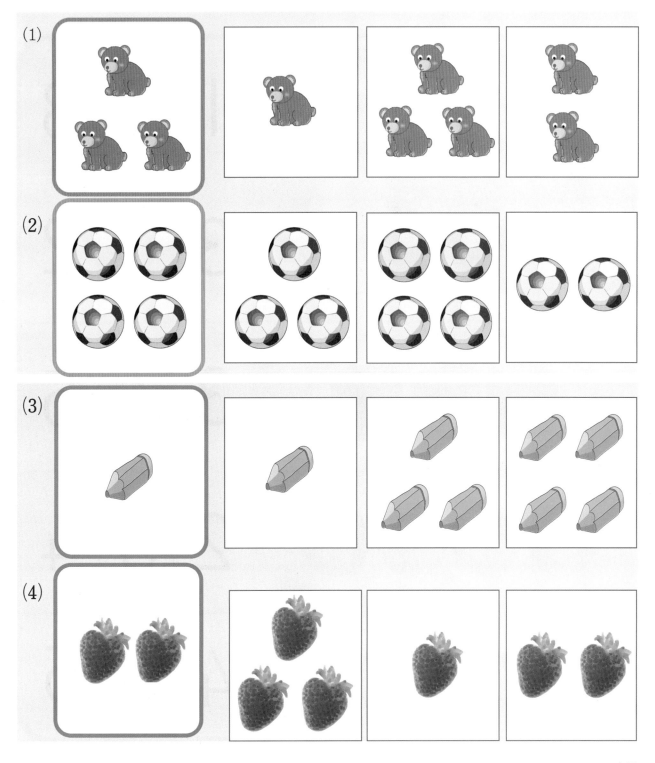

3. 5까지의 수 익히기

⭐ 그림을 보고 알맞은 수를 고르세요.

🐰	1	2	3
🍓🍓	3	1	2
🍎🍎🍎	3	4	5
⚾⚾⚾⚾	2	5	4
🐻🐻🐻🐻🐻	4	3	5

3. 5까지의 수 익히기

⭐ 그림의 수 만큼 왼쪽의 빈 칸에 색칠을 하세요.

(1)

(2)

(3)

(4)

(5)

4. 6에서 10까지의 수 쓰기

★ 6에서 9까지의 수를 읽어 보세요.

수	읽기	쓰기	그림
6	육 여섯	6	
7	칠 일곱	7	
8	팔 여덟	8	
9	구 아홉	9	
10	십 열	10	

4. 6에서 10까지의 수 쓰기

수	따라 쓰기

| 6 | 6 | 6 | 6 | 6 | 6 | 6 | 6 |

| 7 | 7 | 7 | 7 | 7 | 7 | 7 | 7 |

| 8 | 8 | 8 | 8 | 8 | 8 | 8 | 8 |

| 9 | 9 | 9 | 9 | 9 | 9 | 9 | 9 |

| 10 | 10 | 10 | 10 | 10 | 10 | 10 | 10 |

5. 6에서 10까지의 수 익히기

⭐ 같은 수끼리 줄로 이어 보세요.

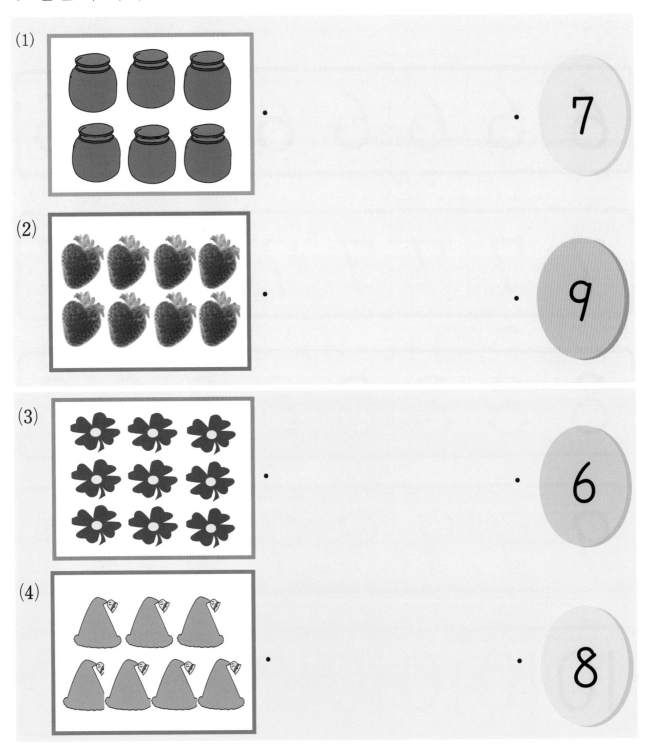

5, 6에서 10까지의 수 익히기

★ 같은 수끼리 줄로 이어 보세요.

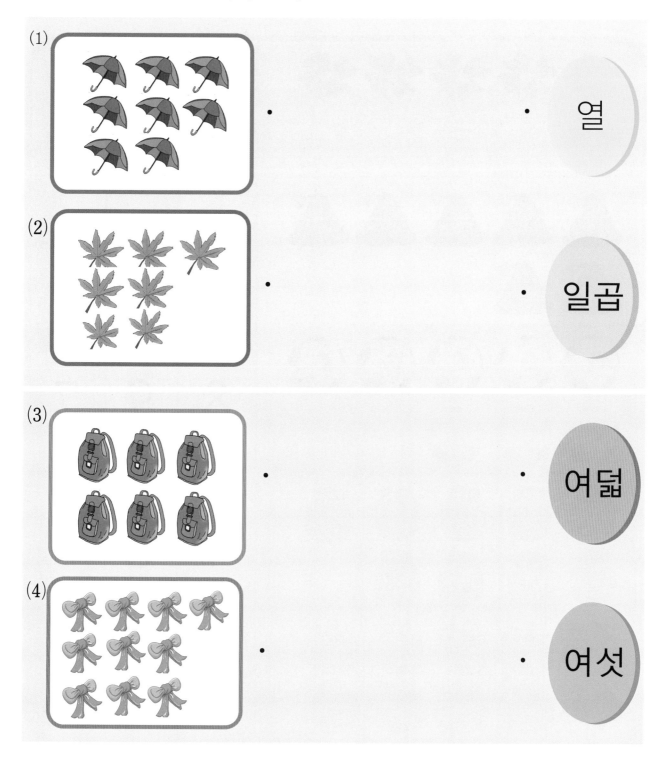

(1)　·　　　　　·　열

(2)　·　　　　　·　일곱

(3)　·　　　　　·　여덟

(4)　·　　　　　·　여섯

5. 6에서 10까지의 수 익히기

★ 그림을 보고 알맞은 수를 고르세요.

	6	8	7
	7	6	9
	8	9	7
	9	8	6
	8	9	10

5. 6에서 10까지의 수 익히기

⭐ 그림의 수 만큼 왼쪽의 빈 칸에 색칠을 하세요.

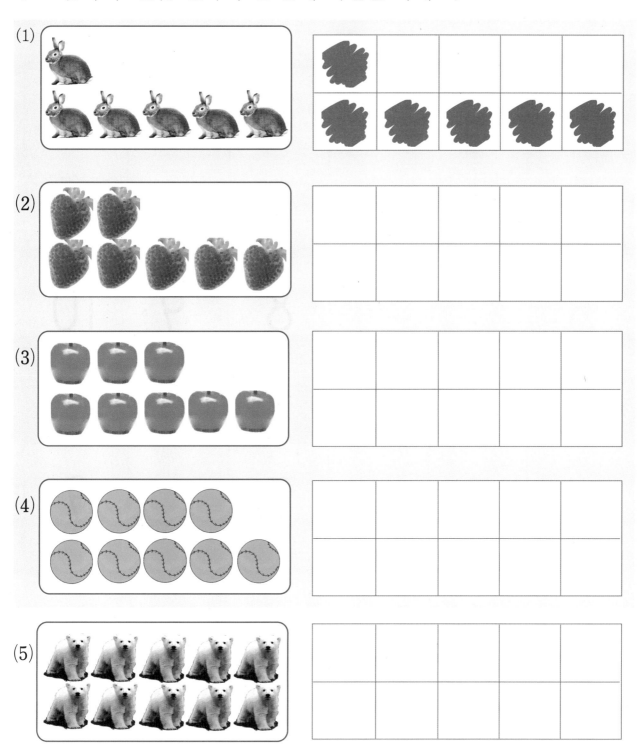

5. 6에서 10까지의 수 익히기

⭐ 빈칸에 알맞은 수를 쓰세요.

(1)

| 5 | 6 | | 8 | 9 | |

(2)

| 5 | | | 8 | 9 | 10 |

(3)

| 4 | 5 | | 7 | | 9 |

(4)

| 5 | 6 | | 8 | | 10 |

5. 6에서 10까지의 수 익히기

★ 빈칸에 알맞은 수를 쓰시오.

(5)

5	6	7			10

(6)

5		7		9	10

(7)

4	5		7	8	

(8)

		8	9	10	11

5. 6에서 10까지의 수 익히기

⭐그림과 같은 수에 동그라미 표를 하세요.

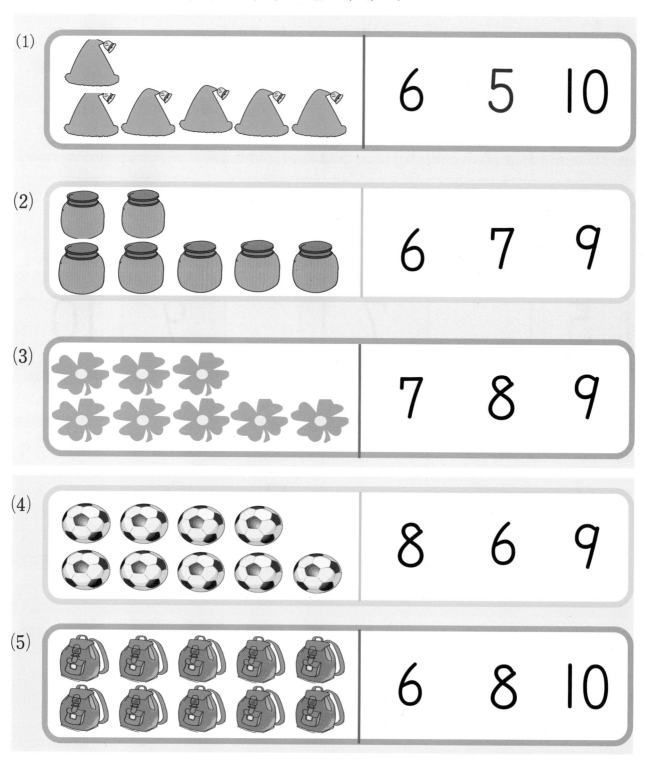

(1)　　　　　　　6　　5　　10

(2)　　　　　　　6　　7　　9

(3)　　　　　　　7　　8　　9

(4)　　　　　　　8　　6　　9

(5)　　　　　　　6　　8　　10

5. 6에서 10까지의 수 익히기

★ 왼쪽의 수만큼 원으로 묶어 보세요.

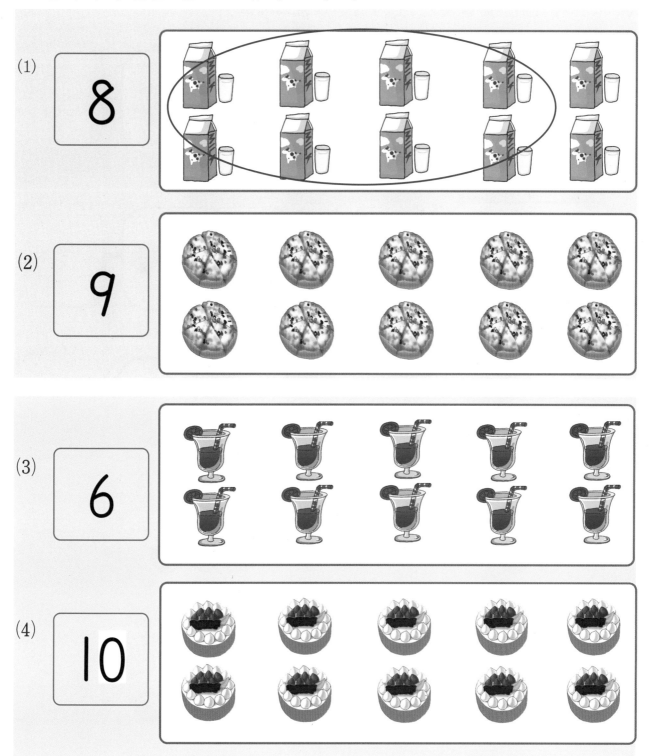

6. 1에서 5까지의 수 다지기

⭐ 오른쪽 빈칸에 알맞은 숫자를 써 넣으세요.

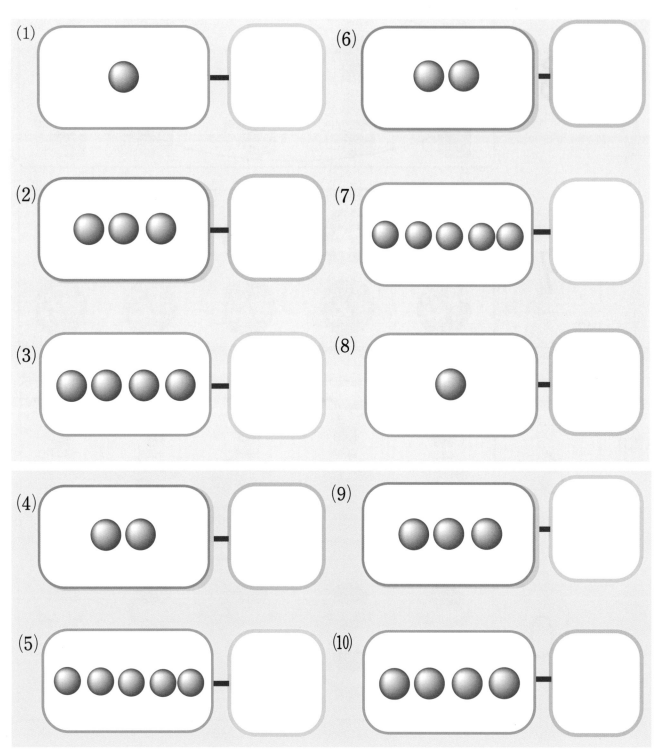

6. 1에서 5까지의 수 다지기

★ 오른쪽 빈칸에 알맞은 숫자를 써 넣으세요.

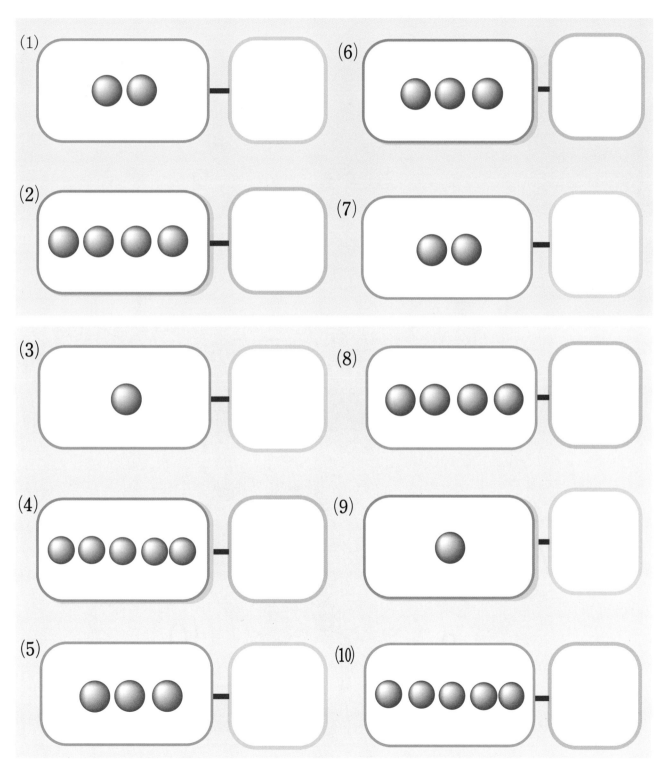

★ 수를 순서대로 따라가 보세요.

6. 1에서 5까지의 수 다지기

⭐ 그림의 개수를 세어보고 아래 알맞은 숫자에 동그라미 표를 하세요.

 4 5 6

 3 4 5

 1 2 3

 2 3 4

6. 1에서 5까지의 수 다지기

⭐ 그림과 같은 수를 아래에서 찾아 동그라미 표를 하세요.

(1)

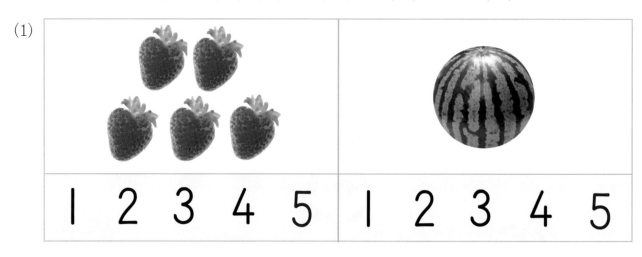

(2)

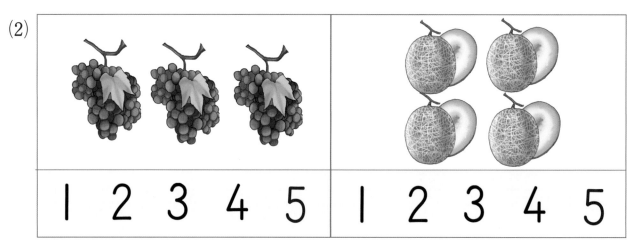

(3)

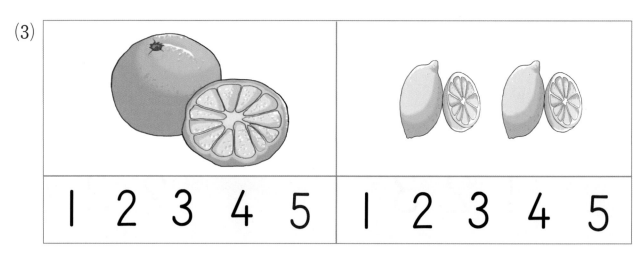

6. 1에서 5까지의 수 다지기

⭐ 그림과 같은 수를 아래에서 찾아 동그라미 표를 하세요.

(1)

|  1 2 3 4 5 |  1 2 3 4 5 |

(2)

|  1 2 3 4 5 |  1 2 3 4 5 |

(3)

|  1 2 3 4 5 |  1 2 3 4 5 |

6. 1에서 5까지의 수 다지기

⭐ 같은 수끼리 선으로 이어 보세요.

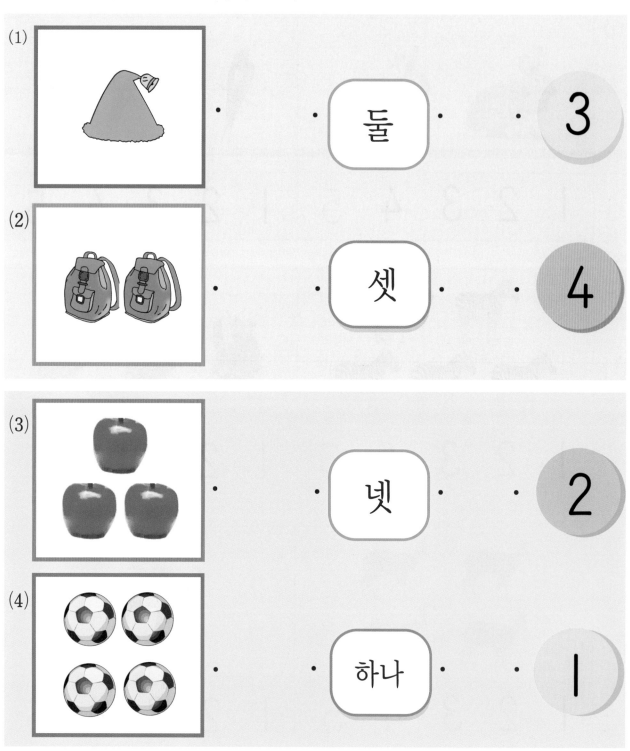

(1) · · 둘 · · 3

(2) · · 셋 · · 4

(3) · · 넷 · · 2

(4) · · 하나 · · 1

6. 1에서 5까지의 수 다지기

⭐ 같은 수끼리 선으로 이어 보세요.

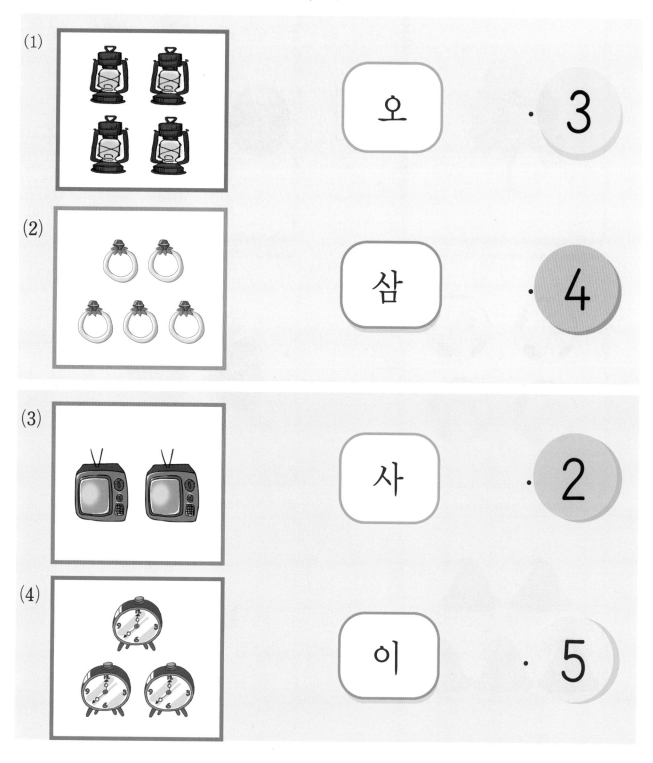

(1)

(2)

(3)

(4)

오

삼

사

이

· 3

· 4

· 2

· 5

6. 1에서 5까지의 수 다지기

⭐ 몇 개인지 오른쪽에 써 넣으세요.

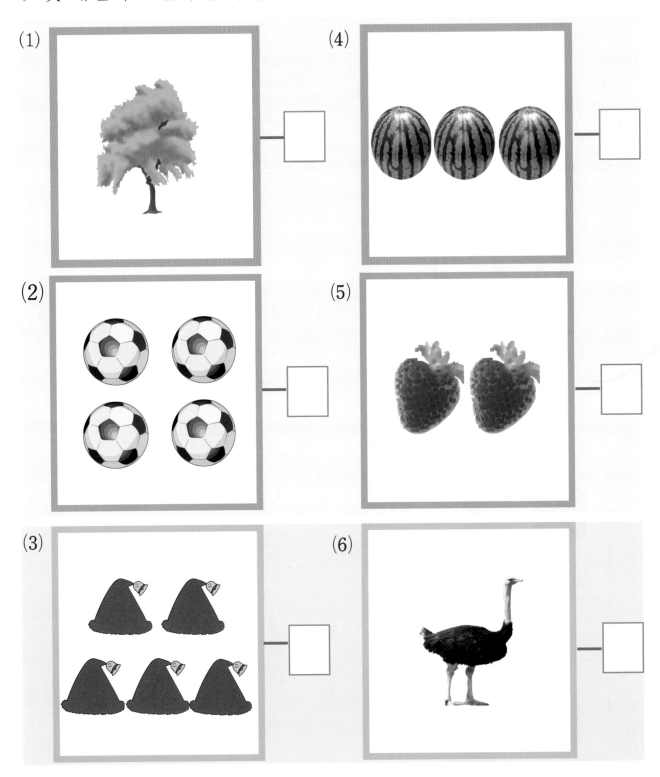

(1)

(2)

(3)

(4)

(5)

(6)

6. 1에서 5까지의 수 다지기

⭐ 몇 개인지 오른쪽에 써 넣으세요.

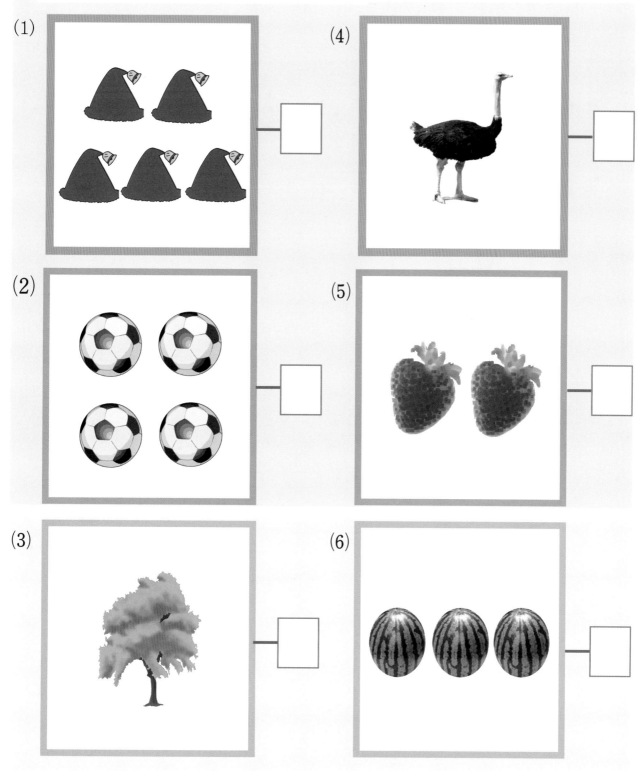

(1)

(2)

(3)

(4)

(5)

(6)

7, 10까지의 수 다지기

★ 서로 맞은 것끼리 선으로 연결하세요..

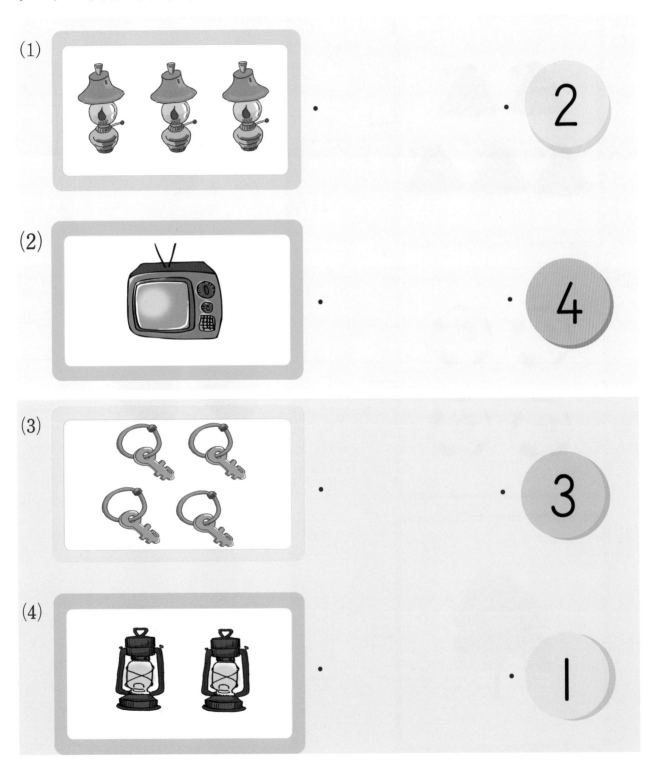

7, 10까지의 수 다지기

⭐ 서로 맞은 것끼리 선으로 연결하세요..

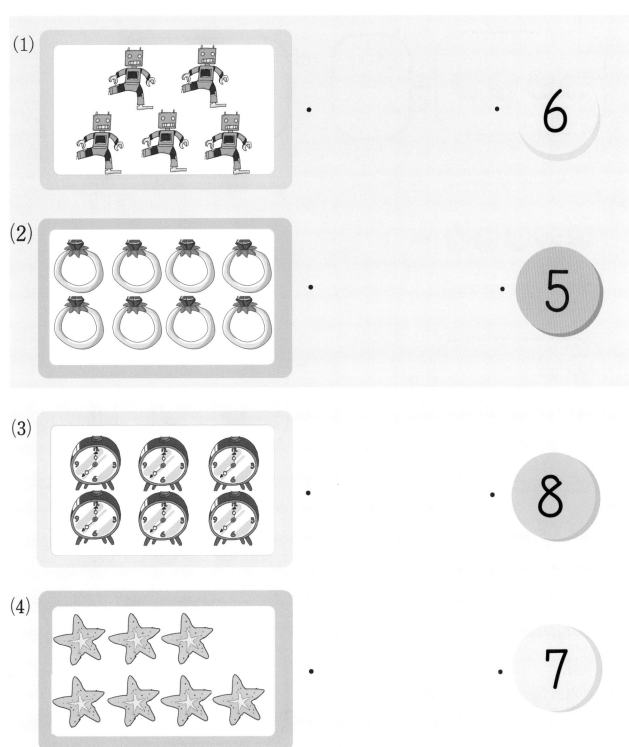

7, 10까지의 수 다지기

⭐ 오른쪽 빈칸에 알맞은 수를 써 넣으세요.

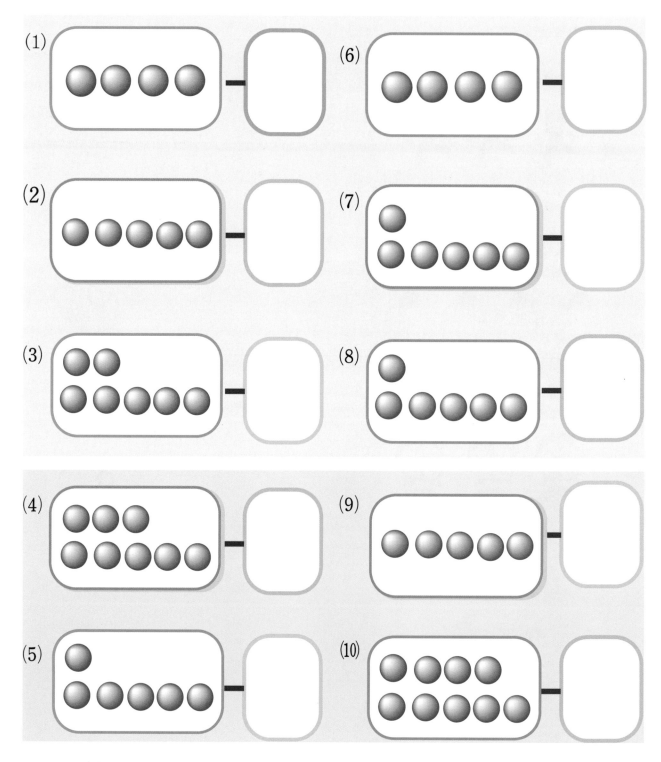

7, 10까지의 수 다지기

⭐ 오른쪽 빈칸에 알맞은 수를 써 넣으세요.

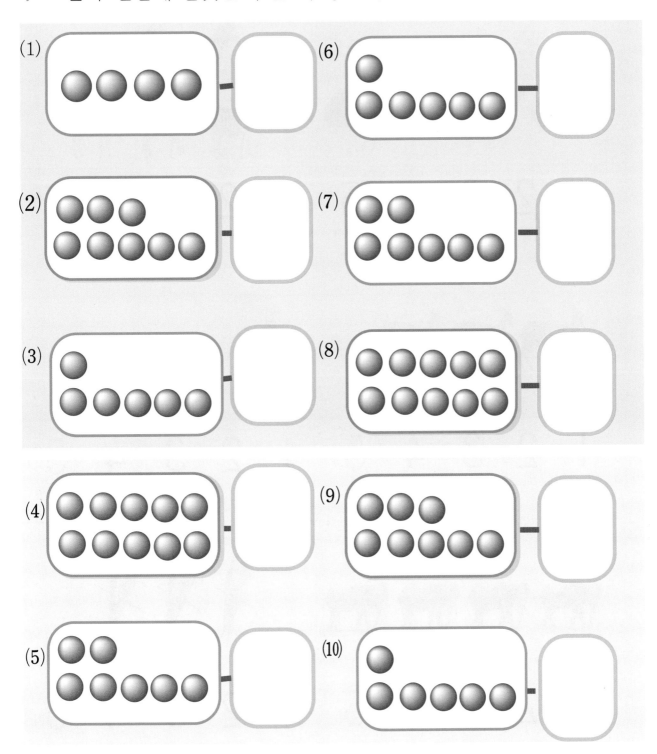

7, 10까지의 수 다지기

★ 그림에 맞는 숫자를 찾아 동그라미 표를 하세요.

(1)

1	2	3	4	5	1	2	3	4	5

(2)

1	2	3	4	5	1	2	3	4	5

(3)

1	2	3	4	5	1	2	3	4	5

7, 10까지의 수 다지기

⭐ 그림에 맞는 숫자를 찾아 동그라미 표를 하세요.

(4)
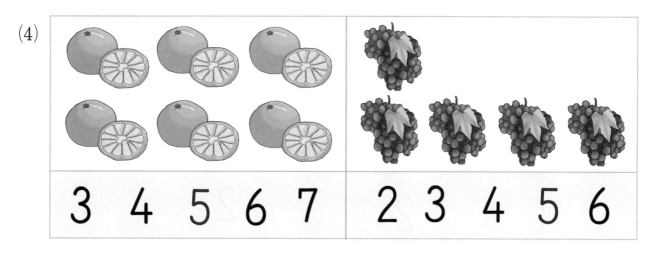

(5)
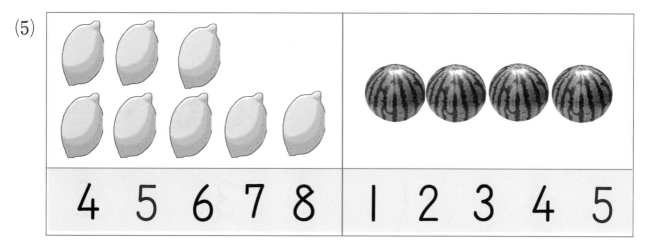

(6)
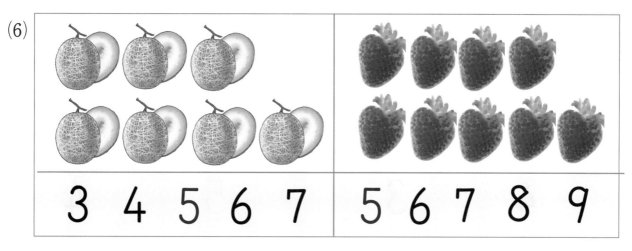

8. 1~10까지의 수 비교하기

⭐ 두 개의 수 중에 더 큰 수에 동그라미 표를 하세요.

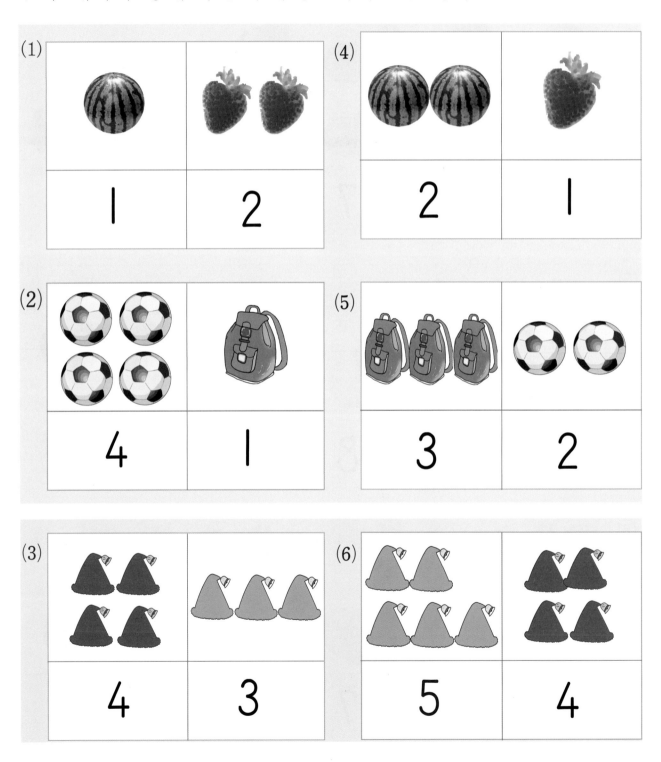

8. 1~10까지의 수 비교하기

⭐ 두 개의 수 중에 더 큰 수에 동그라미 표를 하세요.

(1)

2	1

(4)

2	4

(2)

4	2

(5)

2	3

(3)

1	2

(6)

1	2

8. 1~10까지의 수 비교하기

⭐ 어느 것이 더 많은지 알아봅시다.

⭐ 신발은 모두 몇 켤레인가요. 수를 쓰고 동그라미에 칠을 하세요.

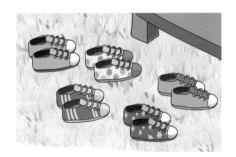

○	○	○	○	○

☐ 켤레

⭐ 친구는   모두 몇 명인가요. 수를 쓰고 동그라미에 칠을 하세요.

○	○	○	○	○

☐ 명

8. 1~10까지의 수 비교하기

⭐ 두 수 가운데 어느 것이 많은가요.

(1)

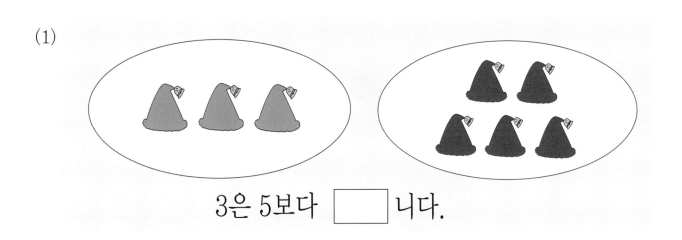

3은 5보다 □ 니다.

(2)

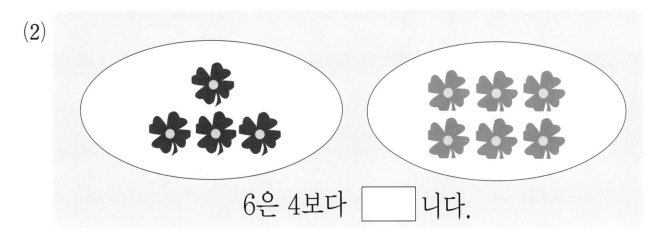

6은 4보다 □ 니다.

(3)

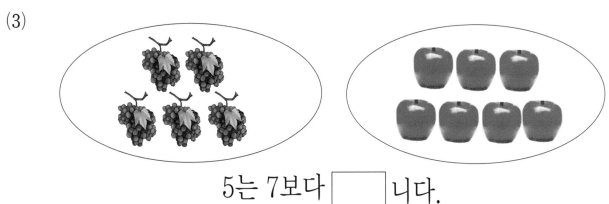

5는 7보다 □ 니다.

8. 1~10까지의 수 비교하기

⭐ 두 수 가운데 어느 것이 많은가요.

(1)

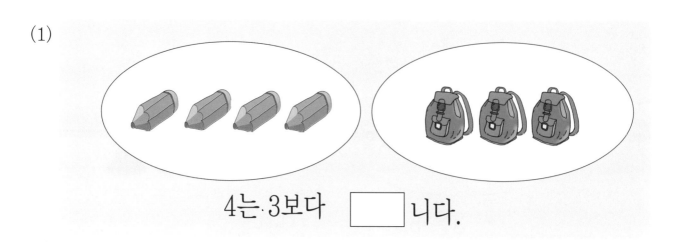

4는 3보다 ☐ 니다.

(2)

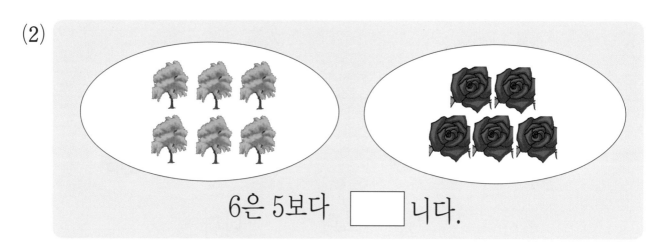

6은 5보다 ☐ 니다.

(3)

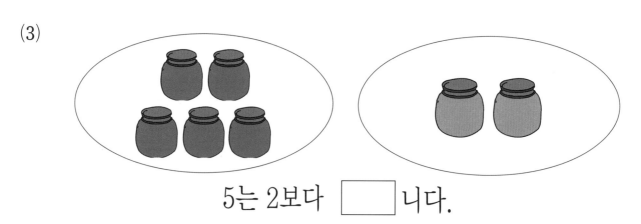

5는 2보다 ☐ 니다.

8. 1~10까지의 수 비교하기

⭐ 두 수 가운데 어느 것이 적은가요.

(1)

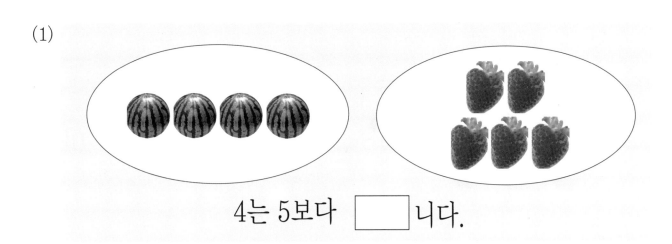

4는 5보다 ☐ 니다.

(2)

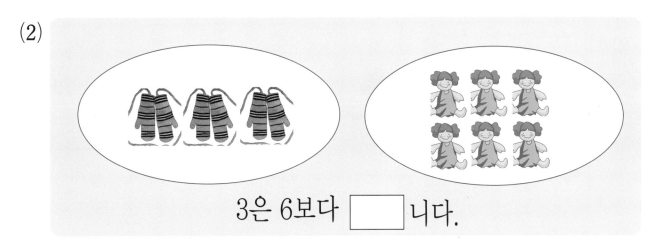

3은 6보다 ☐ 니다.

(3)

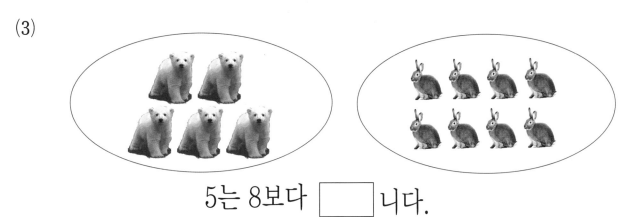

5는 8보다 ☐ 니다.

8. 1~10까지의 수 비교하기

⭐ 왼쪽의 수만큼 오른쪽에 칠을 하고 몇 개인지 쓰세요.

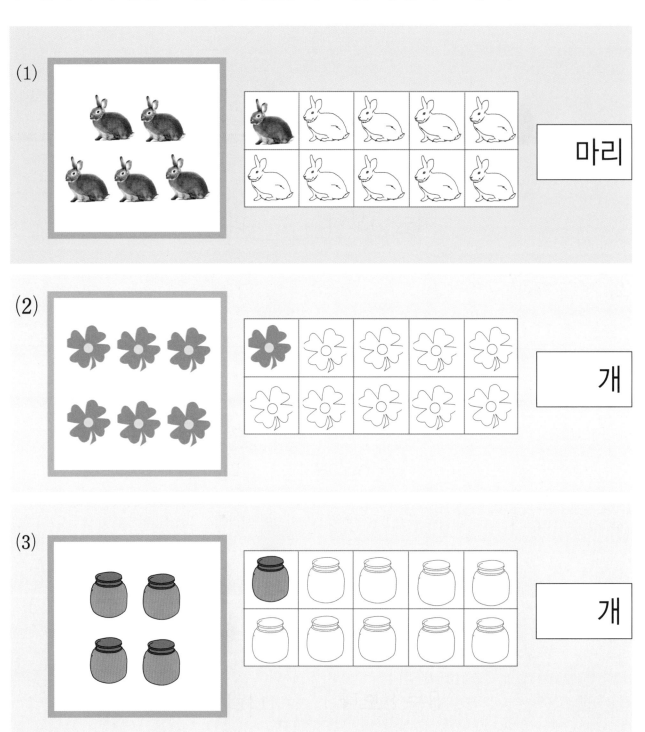

(1) 마리

(2) 개

(3) 개

8. 1~10까지의 수 비교하기

★ 왼쪽의 수만큼 오른쪽에 칠을 하고 몇 개인지 쓰세요.

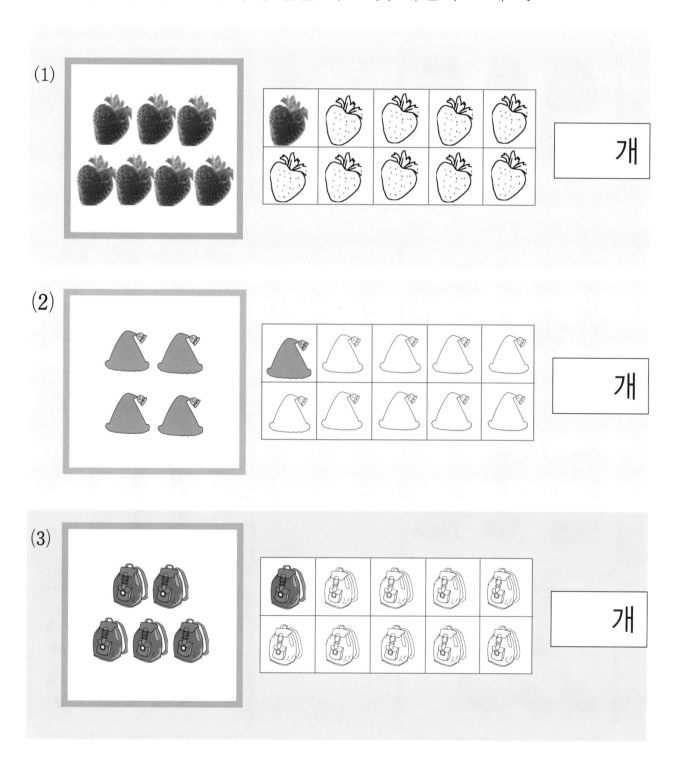

8. 1~10까지의 수 비교하기

★ 두 수를 비교하여 많은 수에 〉또는 〈 를 ◯ 안에 표시하세요.

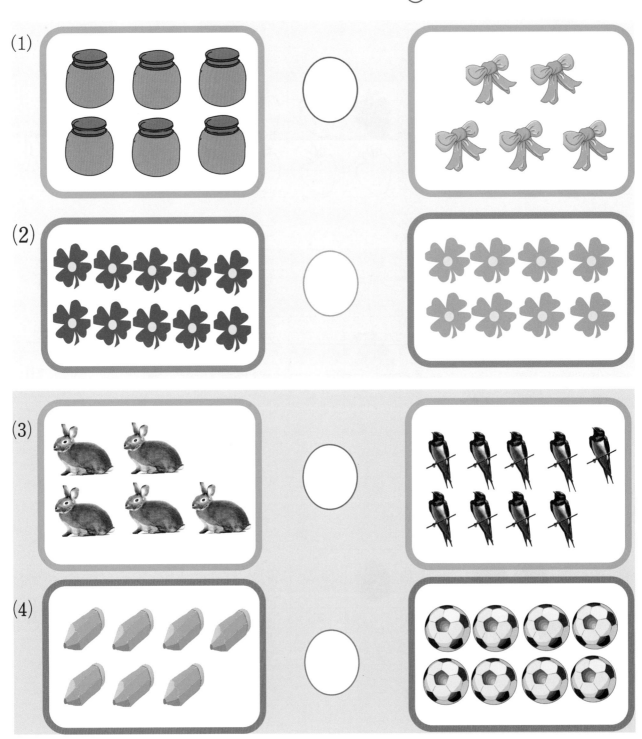

8. 1~10까지의 수 비교하기

⭐ 두 수를 비교하여 많은 수에 〉 또는 〈 를 ◯ 안에 표시하세요.

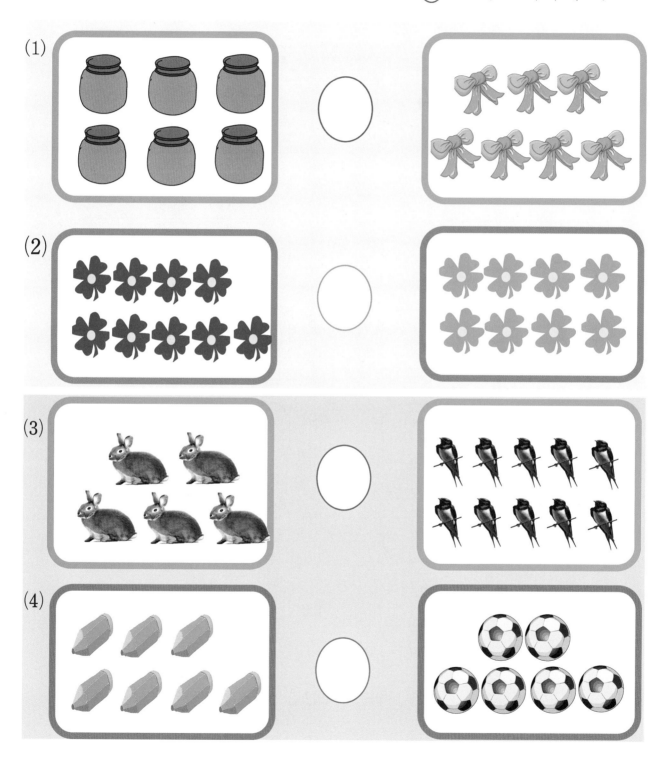

8. 1~10까지의 수 비교하기

⭐ 두 수의 크기를 비교하여 ⬤ 안에 > , < 를 알맞게 써 넣으세요.

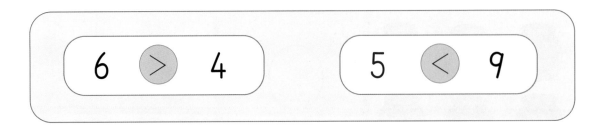

(1) 2 ⬤ 3

(2) 8 ⬤ 4

(3) 4 ⬤ 6

(4) 1 ⬤ 9

(5) 9 ⬤ 5

(6) 3 ⬤ 2

(7) 7 ⬤ 2

(8) 5 ⬤ 3

(9) 6 ⬤ 4

(10) 8 ⬤ 7

(11) 2 ⬤ 7

(12) 6 ⬤ 3

8. 1~10까지의 수 비교하기

★ 보기와 같이 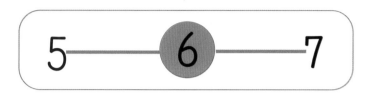 원 안의 수보다 1작은 수와 1큰 수를 써 넣으세요.

8. 1~10까지의 수 비교하기

★ 아래 세 수 가운데 가장 큰 수에 ○ 표를 하세요.

(1) 3 4 5 6

(3) 2 3 4 5

(2) 4 5 6 7

(4) 5 6 7 8

★ 아래 세 수 가운데 가장 큰 수에 ○ 표를 하세요.

(1) 5 6 7 8

(4) 6 7 8 9

(2) 2 3 4 5

(5) 3 4 5 6

(3) 1 2 3 4

(6) 4 5 6 7

8. 1~10까지의 수 비교하기

(1) 5보다 큰 수에 모두 ○표를 해 보세요.

2   8

7

4   6

3

(2) 6보다 큰 수에 모두 ○표를 해 보세요.

8   9

5   1

2

7   3

4

8. 1~10까지의 수 비교하기

두 수의 크기를 비교하여 ▨ 안에 > , < 를 알맞게 써 넣으세요.

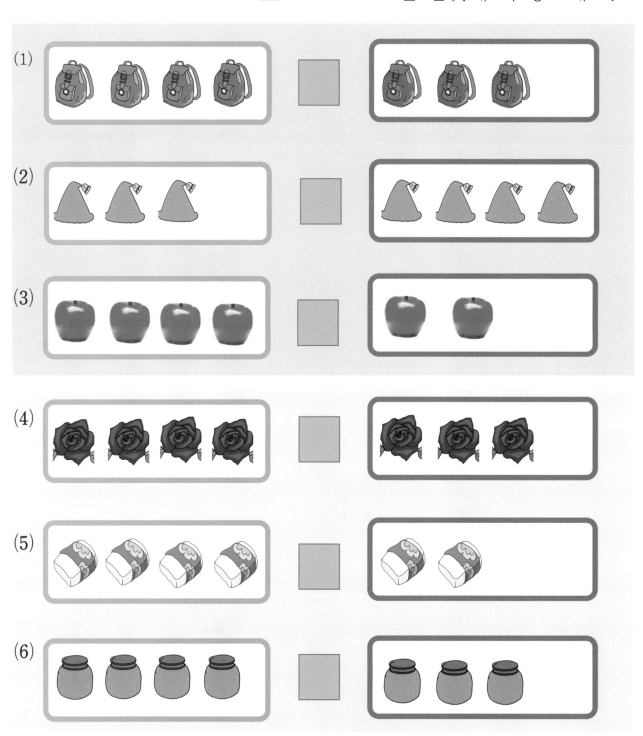

8. 1~10까지의 수 비교하기

(7) 5보다 큰 수에 ○표를 하세요.

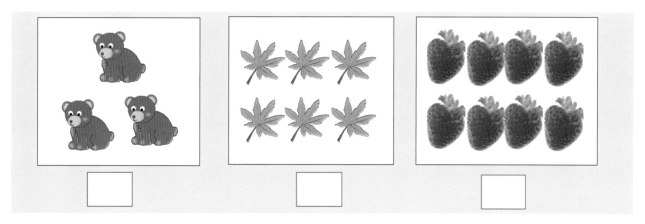

(8) 4보다 큰 수에 ○표를 하세요.

(9) 7보다 큰 수에 ○표를 하세요.

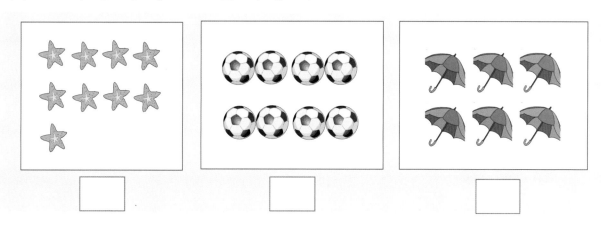

8. 1~10까지의 수 비교하기

⭐ 다음 그림과 같은 수를 찾아 선으로 연결하세요.

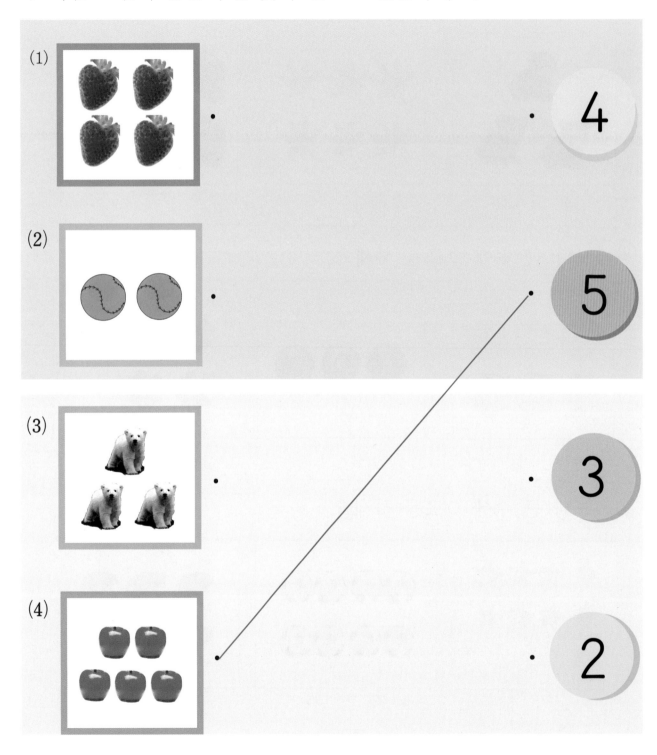

(1) · 4

(2) · 5

(3) · 3

(4) · 2

8. 1~10까지의 수 비교하기

⭐ 다음 그림과 같은 수를 찾아 선으로 연결하세요.

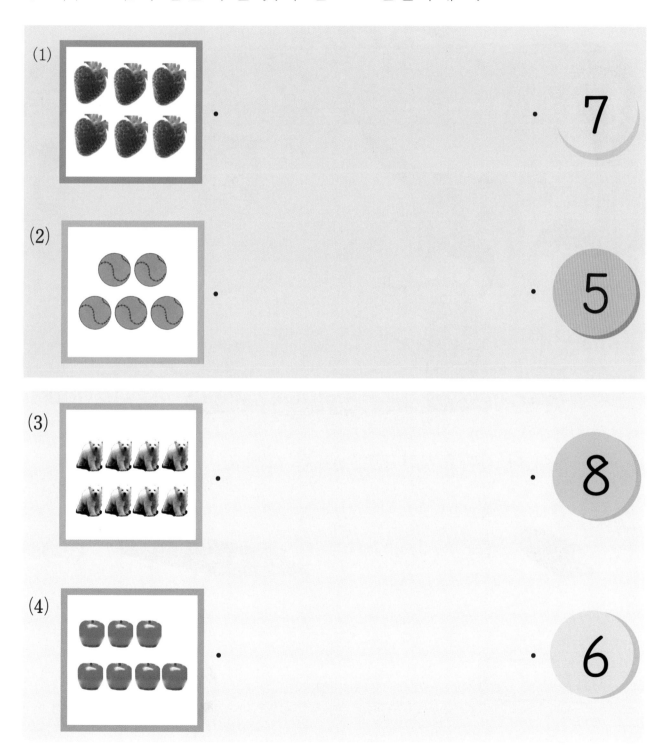

9. 여러 가지 비교하기

⭐ 어느 것이 더 길까요?

⭐ 어느 것이 더 길까요? 긴 것에 O표를 하세요.

(1)　　　　　( )　　　　　　　　　　　　( )

(2)　　　　　( )　　　　　　　　　　　　( )

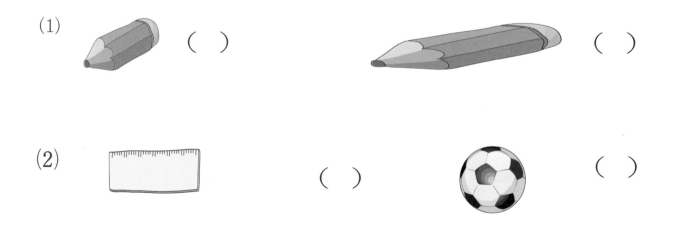

9. 여러 가지 비교하기

⭐ 어느 것이 더 길까요? 긴 것에 0표를 하세요.

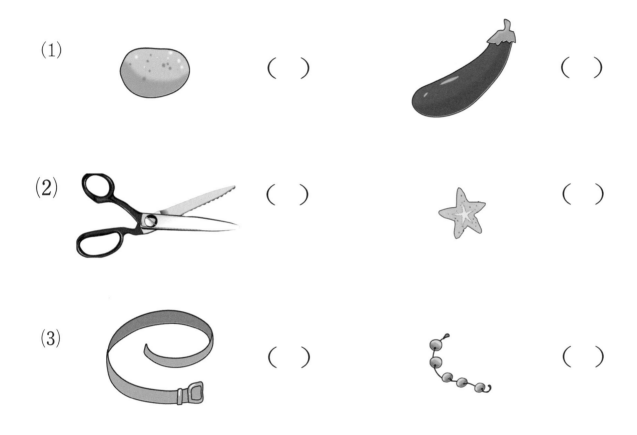

(1)   (   )   (   )

(2)   (   )   (   )

(3)   (   )   (   )

⭐ 어느 것이 더 길까요? 긴 것에 0표를 하세요.

(4)   (   )   (   )

10. 1~5까지의 수 가르기

★ 그림을 보고 알맞은 수를 써 넣으세요.

(1)

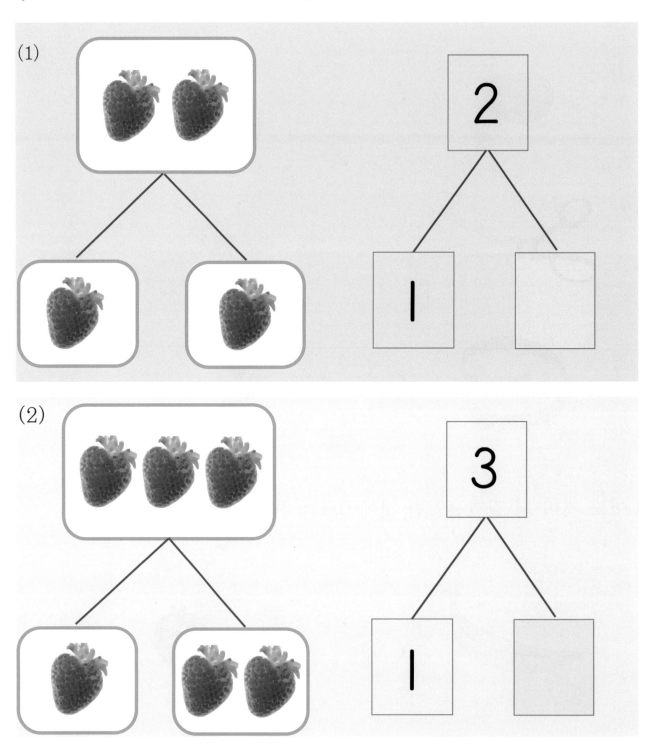

10. 1∼5까지의 수 가르기

⭐ 그림을 보고 알맞은 수를 써 넣으세요.

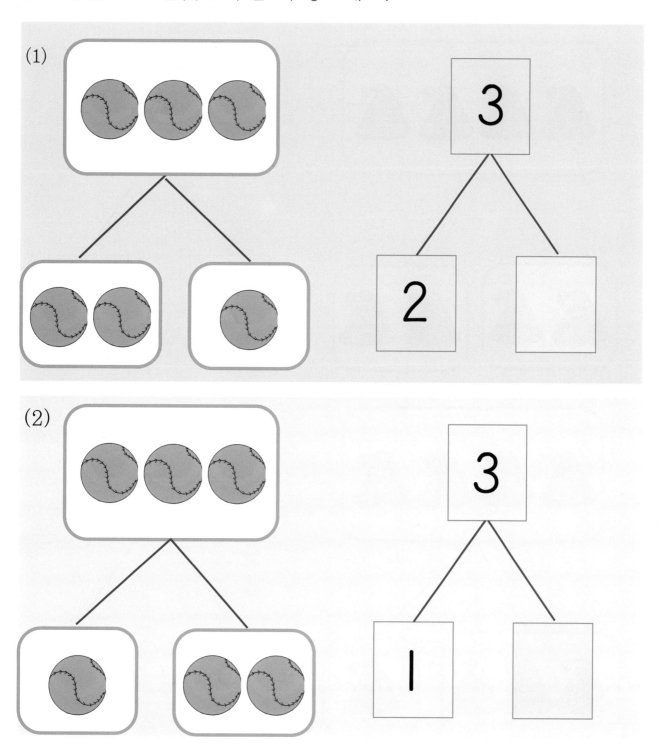

10. 1∼5까지의 수 가르기

⭐ 그림을 보고 알맞은 수를 써 넣으세요.

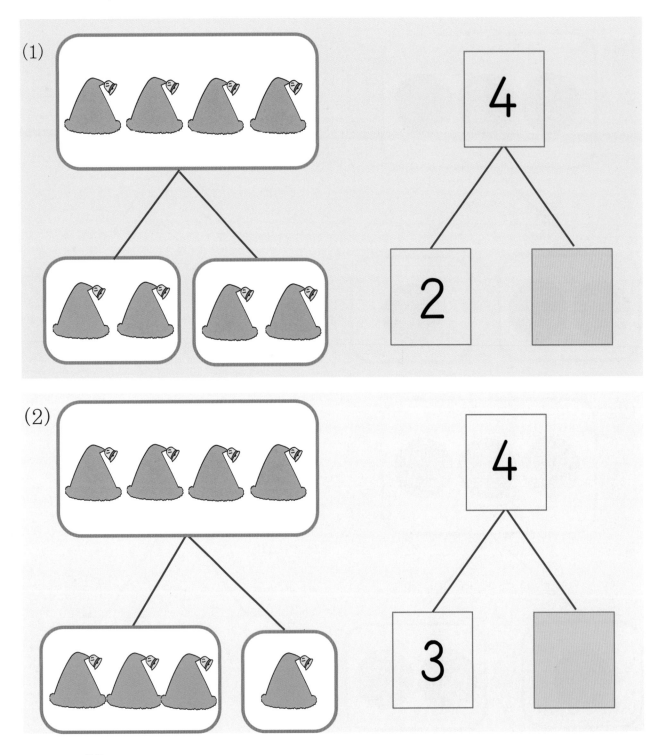

(1)

4

2

(2)

4

3

10. 1~5까지의 수 가르기

★ 그림을 보고 알맞은 수를 써 넣으세요.

(1)

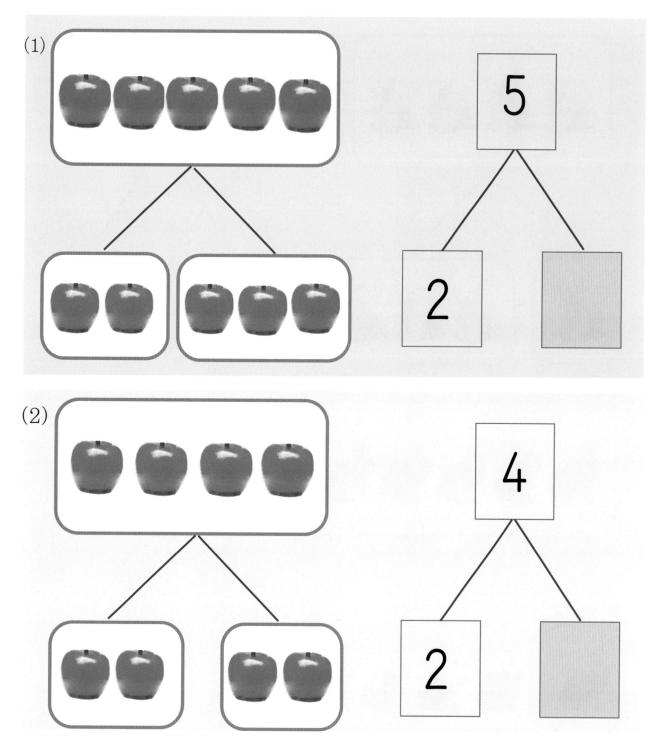

(2)

10. 1~5까지의 수 가르기

⭐ 그림을 보고 알맞은 수를 써 넣으세요.

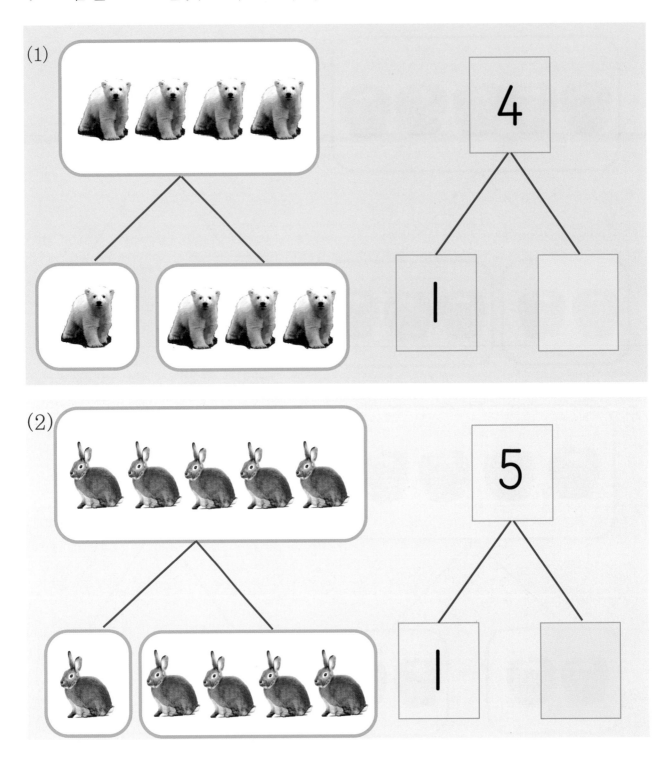

10. 1~5까지의 수 가르기

★ 그림을 보고 알맞은 수를 써 넣으세요.

(1)

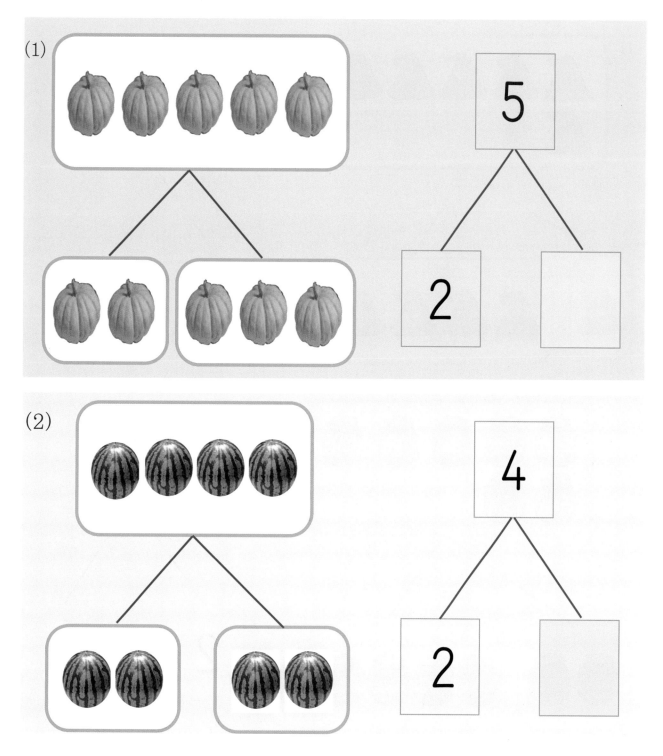

(2)

11. 1~9까지의 수 가르기

★ 그림을 보고 알맞은 수를 써 넣으세요.

(1)

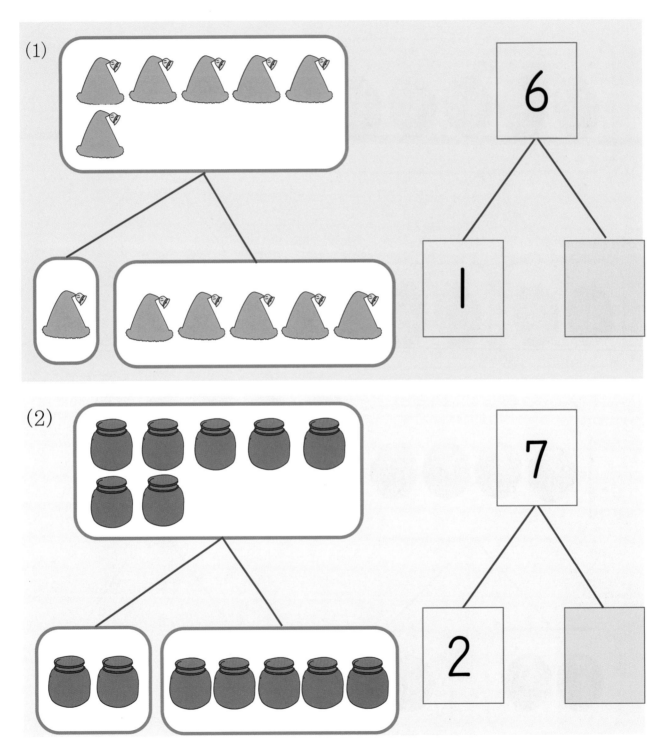

(2)

11. 1~9까지의 수 가르기

★ 그림을 보고 알맞은 수를 써 넣으세요.

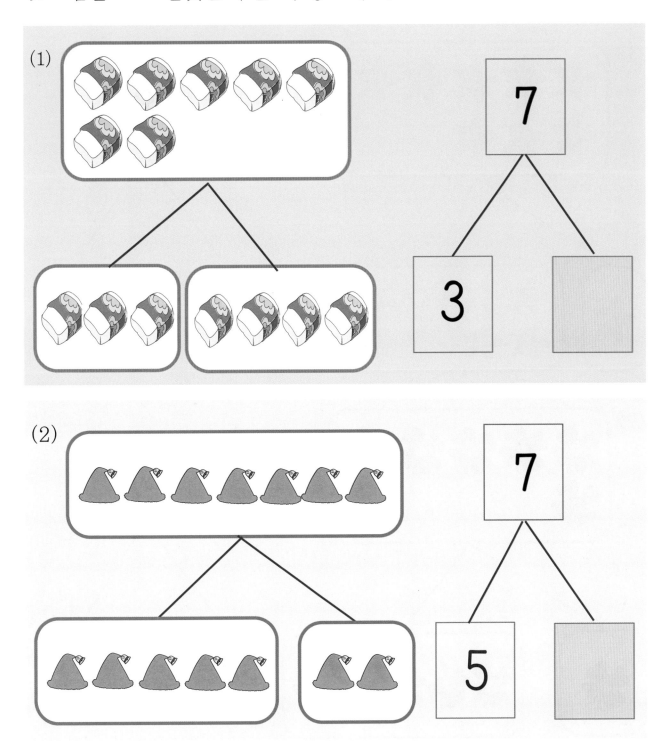

11. 1~9까지의 수 가르기

⭐ 그림을 보고 알맞은 수를 써 넣으세요.

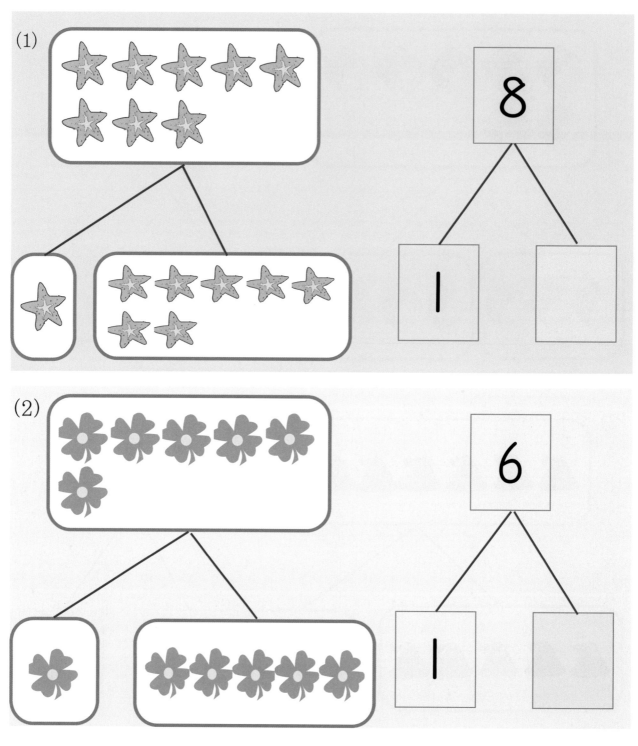

11. 1~9까지의 수 가르기

⭐ 그림을 보고 알맞은 수를 써 넣으세요.

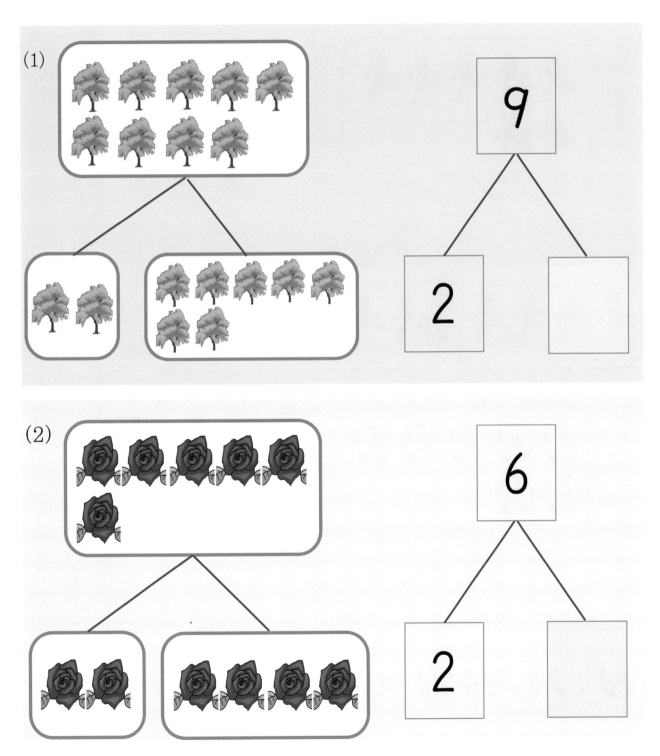

(1)

(2)

11. 1~9까지의 수 가르기

⭐ 그림을 보고 알맞은 수를 써 넣으세요.

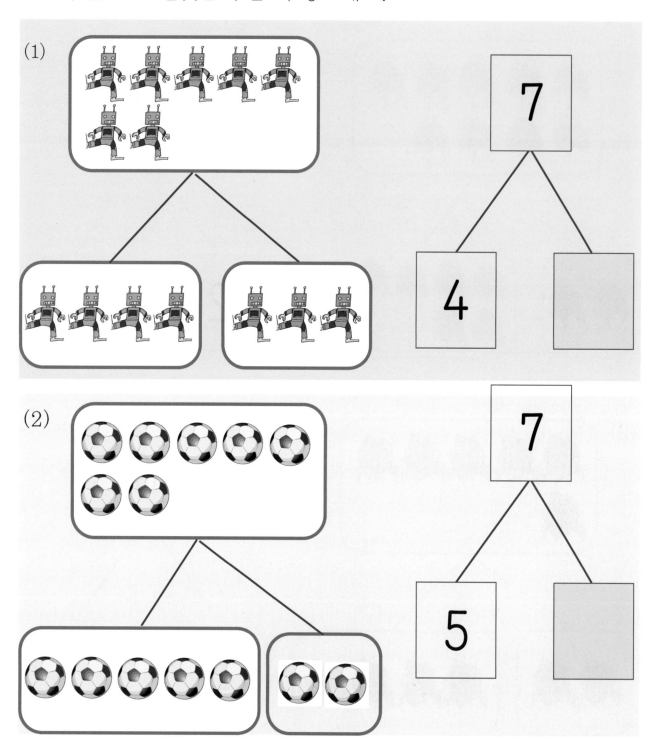

11. 1~9까지의 수 가르기

★ 그림을 보고 알맞은 수를 써 넣으세요.

(1)

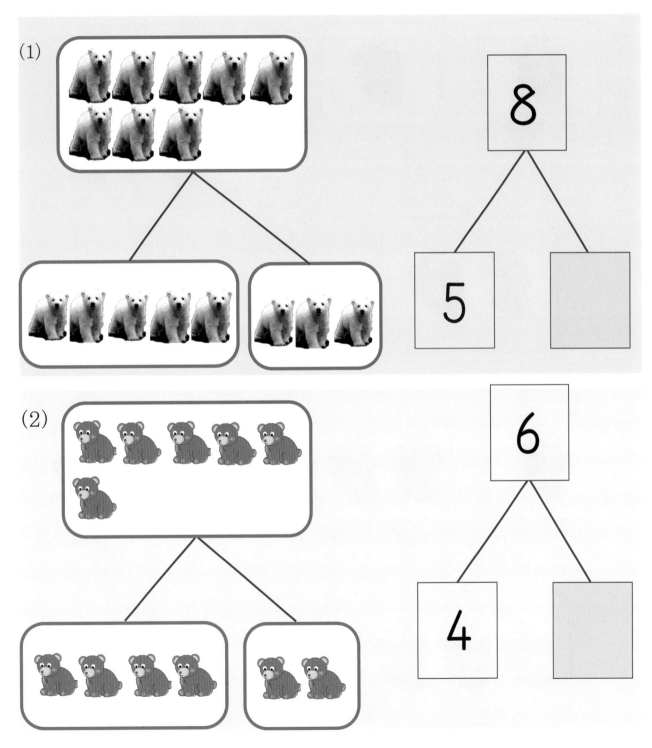

(2)

12. 1~5까지의 수 모으기

★ 그림을 보고 알맞은 수를 써 넣으세요.

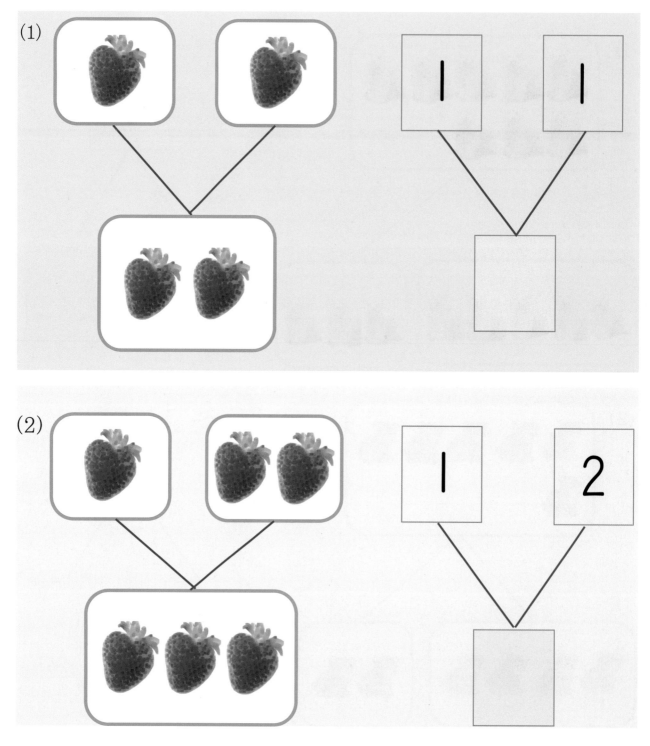

12. 1~5까지의 수 모으기

★ 그림을 보고 알맞은 수를 써 넣으세요.

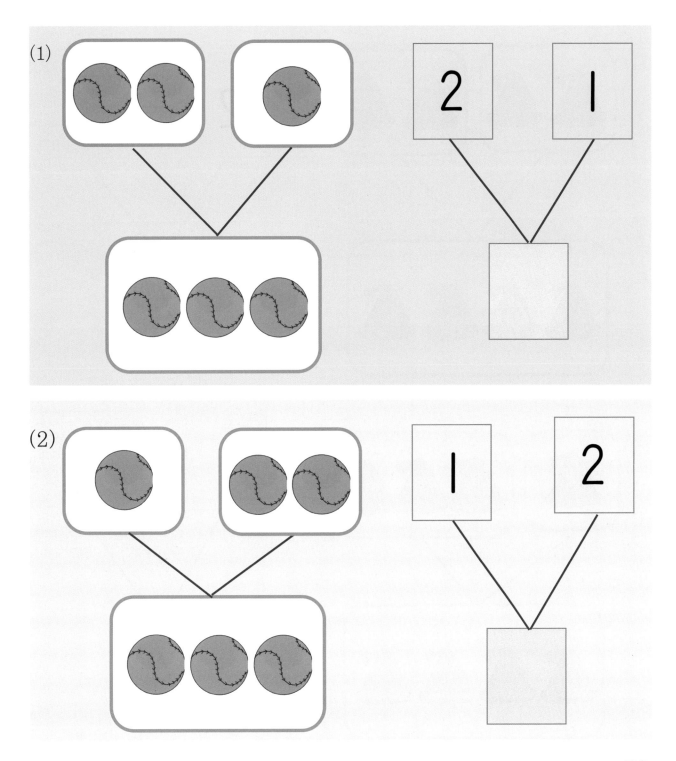

12. 1~5까지의 수 모으기

⭐ 그림을 보고 알맞은 수를 써 넣으세요.

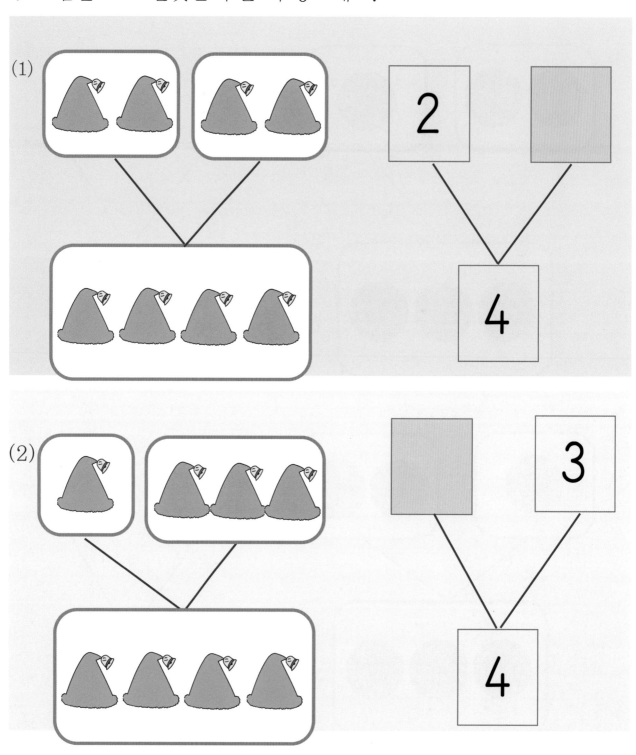

12. 1~5까지의 수 모으기

★ 그림을 보고 알맞은 수를 써 넣으세요.

(1)

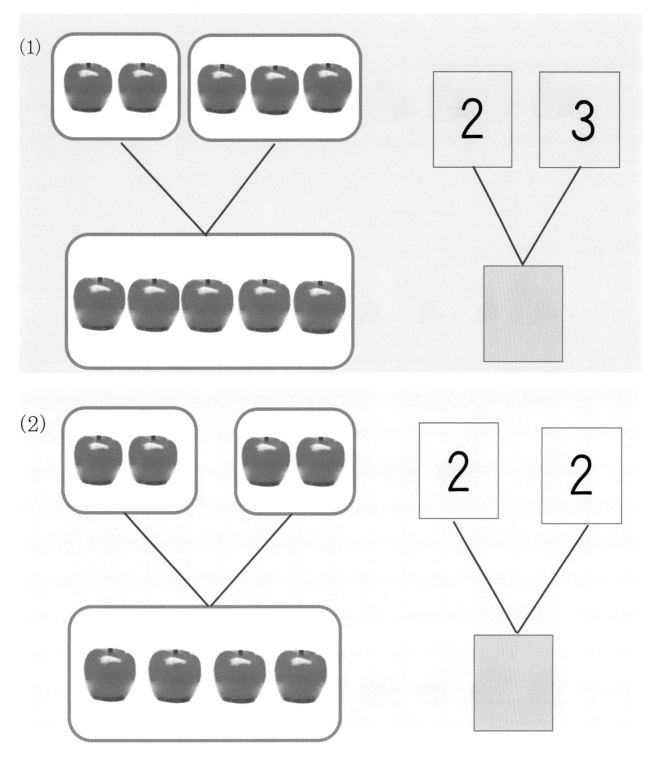

(2)

12. 1~5까지의 수 모으기

★ 그림을 보고 알맞은 수를 써 넣으세요.

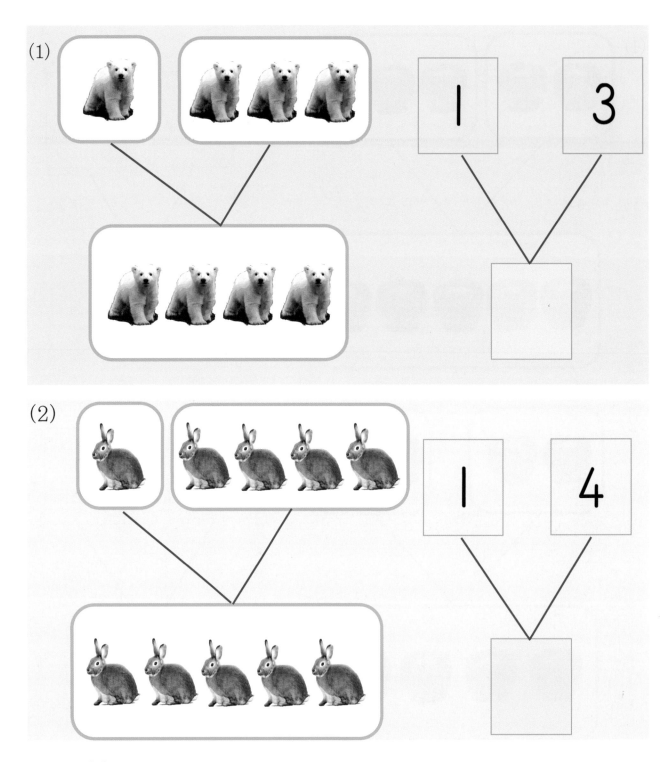

(1)

(2)

12. 1~5까지의 수 모으기

⭐ 그림을 보고 알맞은 수를 써 넣으세요.

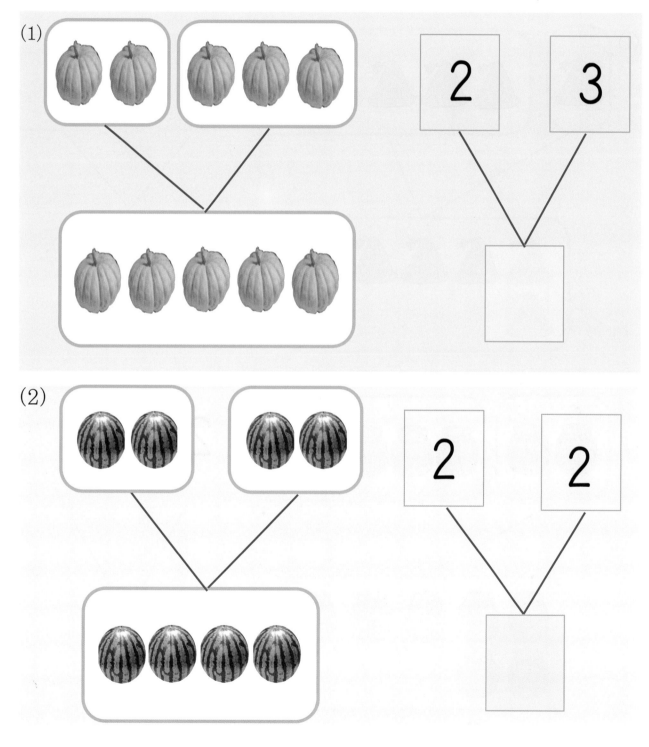

(1)

| 2 | 3 |

(2)

| 2 | 2 |

13. 6~9까지의 수 모으기

⭐그림을 보고 알맞은 수를 써 넣으세요.

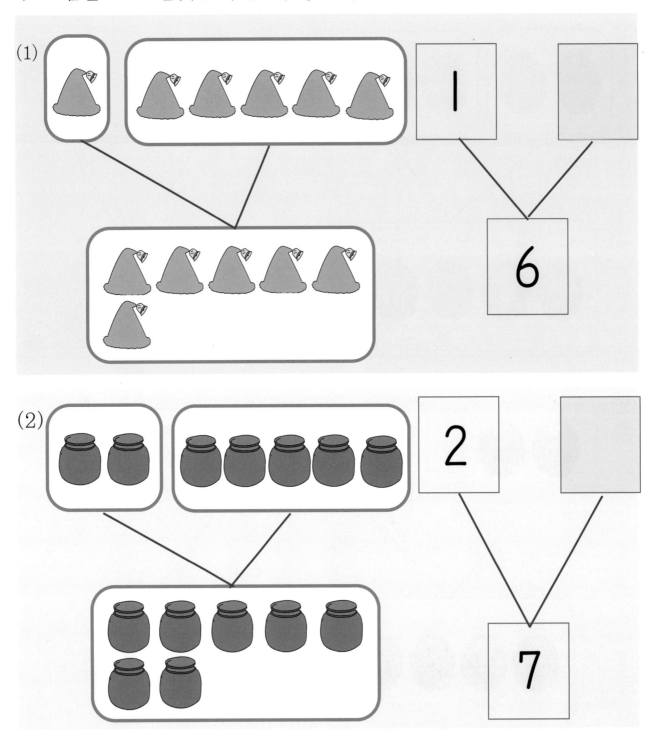

13. 6~9까지의 수 모으기

⭐ 그림을 보고 알맞은 수를 써 넣으세요.

(1)

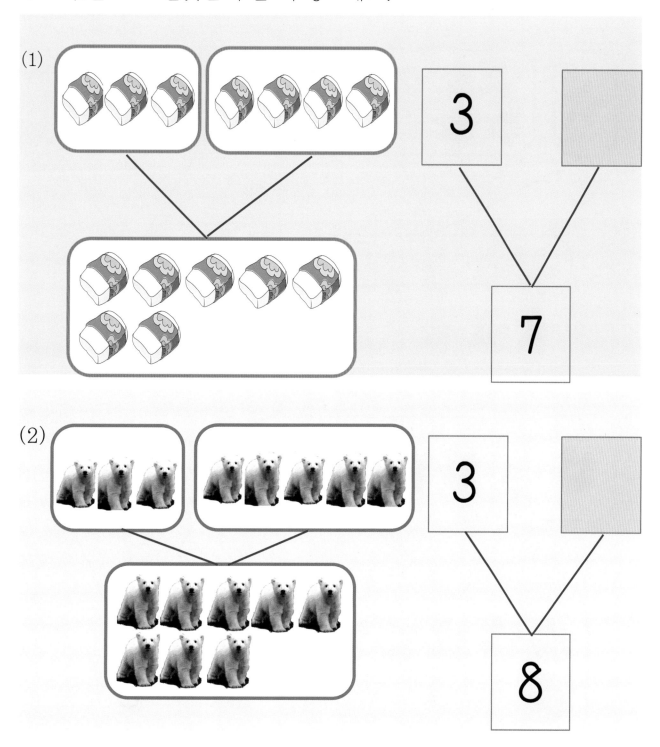

(2)

13. 6~9까지의 수 모으기

⭐ 그림을 보고 알맞은 수를 써 넣으세요.

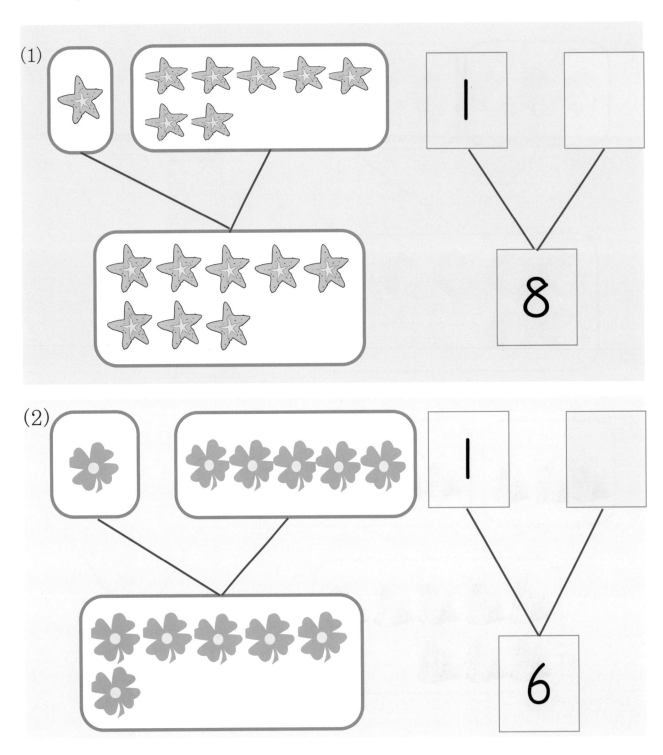

(1)

(2)

13. 6~9까지의 수 모으기

⭐ 그림을 보고 알맞은 수를 써 넣으세요.

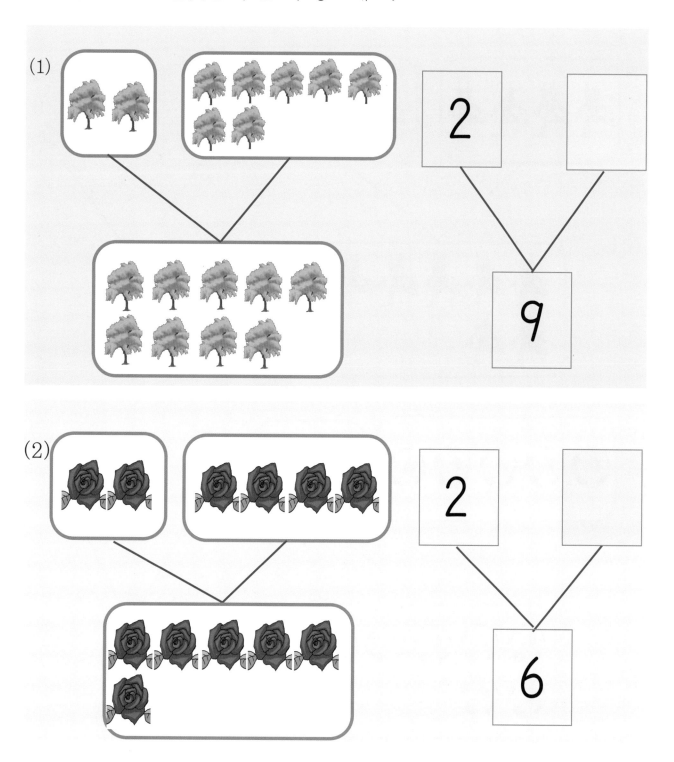

(1)

(2)

13. 6~9까지의 수 모으기

⭐ 그림을 보고 알맞은 수를 써 넣으세요.

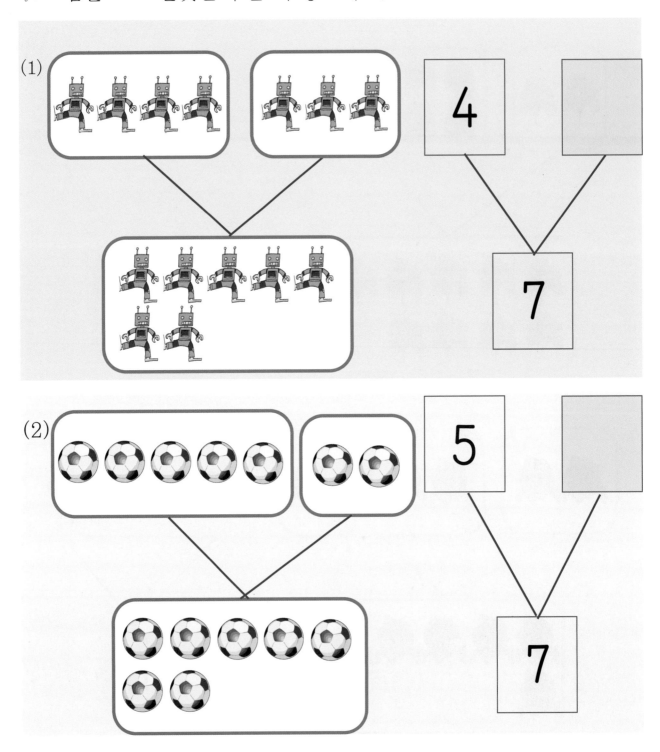

13. 6~9까지의 수 모으기

★ 그림을 보고 알맞은 수를 써 넣으세요.

(1)

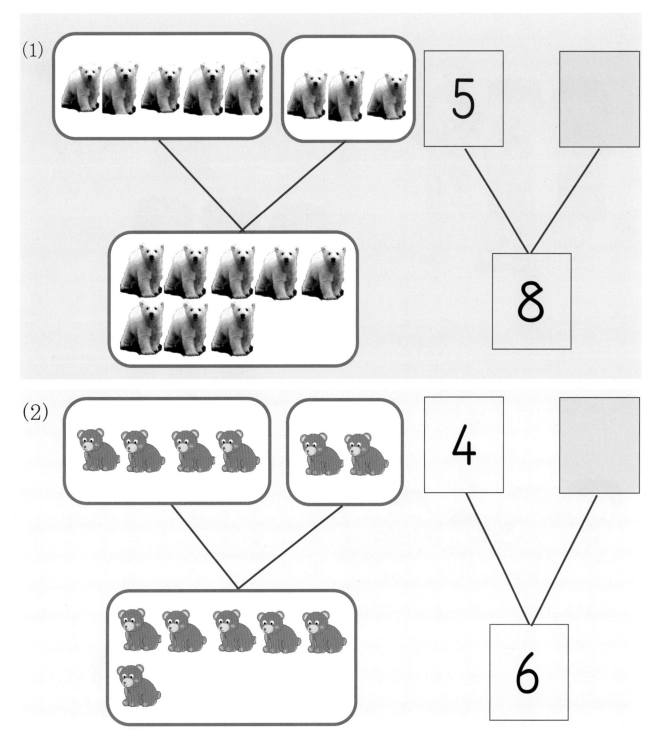

(2)

89

14. 5 이하의 덧셈

⭐ 몇 명인지 알아봅시다.

몇 명이 더 왔나요.

3+2

그럼, 어린이는 몇 명이 되나요?

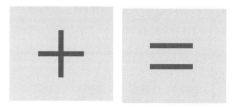

더하기는 +로, 같다는 표시는 =로 합니다.

14. 5 이하의 덧셈

⭐보기와 같이 덧셈을 하세요.

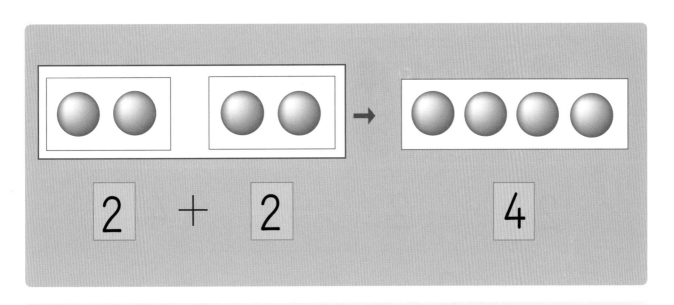

2 + 2 = 4

(1)

2 + 3 = 5

$$2 + 3 = 5$$

14. 5 이하의 덧셈

⭐ 덧셈을 하세요.

(1)

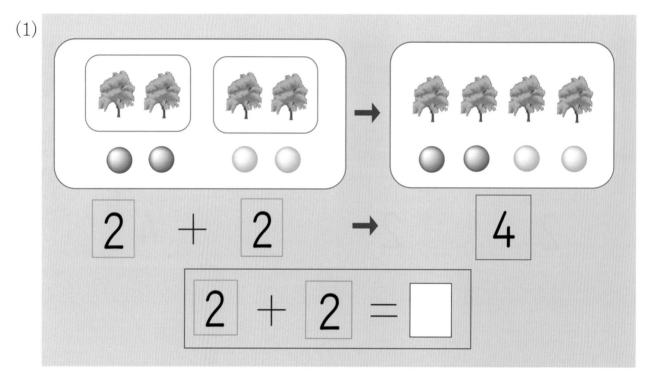

$$2 + 2 \rightarrow 4$$

$$2 + 2 = \boxed{}$$

(2)

$$1 + 3 \rightarrow 4$$

$$1 + 3 = \boxed{}$$

14. 5 이하의 덧셈

⭐ 덧셈을 하세요.

(1)

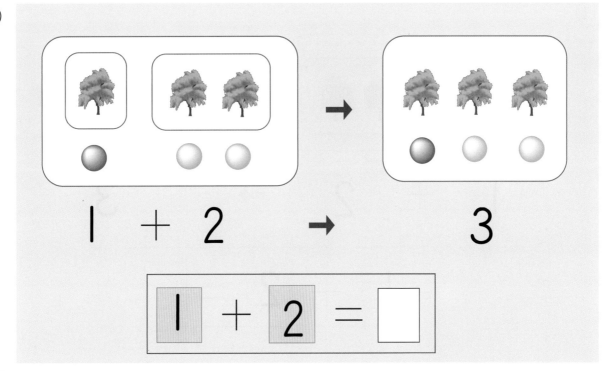

$$1 + 2 = \boxed{}$$

(2)

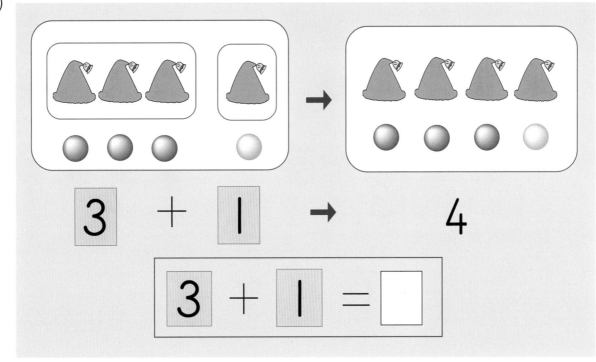

$$3 + 1 = \boxed{}$$

14. 5 이하의 덧셈

⭐ 덧셈을 하세요.

(1)

$$1 + 2 \rightarrow 3$$

$$\boxed{1} + \boxed{2} = \boxed{}$$

(2)

$$1 + 3 \rightarrow 4$$

$$\boxed{1} + \boxed{3} = \boxed{}$$

14. 5 이하의 덧셈

⭐ 덧셈을 하세요.

(1)

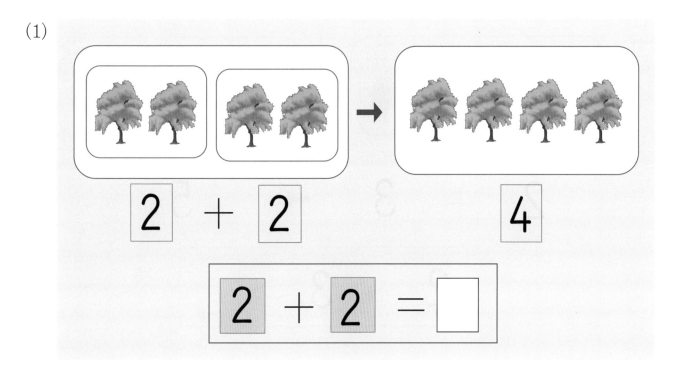

$$2 + 2 = \boxed{}$$

(2)

$$1 + 4 = \boxed{}$$

14. 5 이하의 덧셈

⭐ 덧셈을 하세요.

(1)

$$2 + 3 → 5$$

$$2 + 3 = \boxed{}$$

(2)

$$1 + 3 → 4$$

$$1 + 3 = \boxed{}$$

14. 5 이하의 덧셈

⭐ 덧셈을 하세요.

((1)

$$2 + 2 \rightarrow 4$$

$$2 + 2 = \boxed{}$$

(2)

$$1 + 4 \rightarrow 5$$

$$1 + 4 = \boxed{}$$

14. 5 이하의 덧셈

⭐ 덧셈을 하세요.

(1)

$1 + 2 = \square$

(2)

$1 + 3 = \square$

(3)

$2 + 1 = \square$

14. 5 이하의 덧셈

⭐ 덧셈을 하세요.

(1)

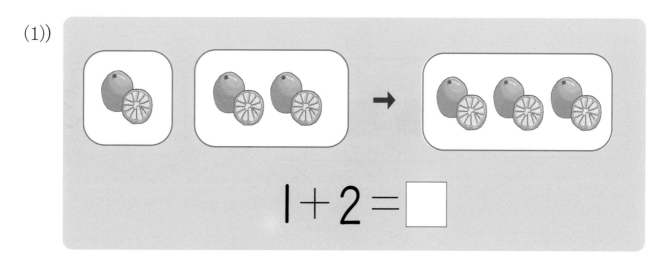

$$1+2=\boxed{}$$

(2)

$$2+2=\boxed{}$$

(3)

$$3+1=\boxed{}$$

14. 5 이하의 덧셈

⭐ 덧셈을 하세요.

(1)

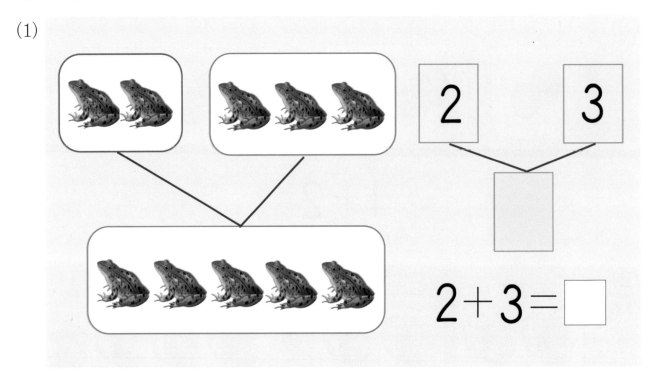

$$2+3=\square$$

(2)

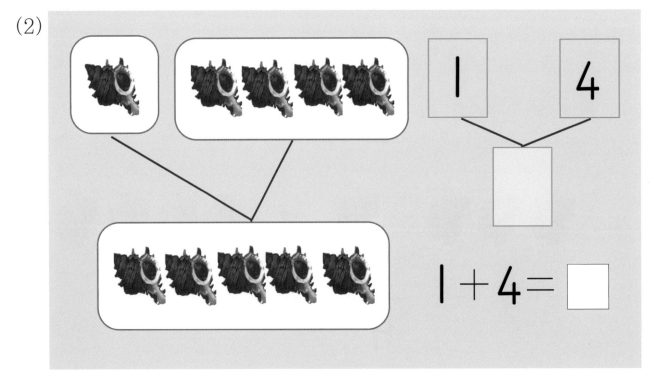

$$1+4=\square$$

14. 5 이하의 덧셈

⭐ 덧셈을 하세요.

(1)

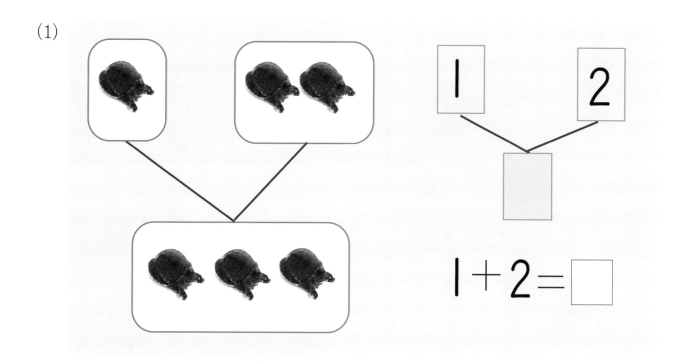

$1 + 2 = \square$

(2)

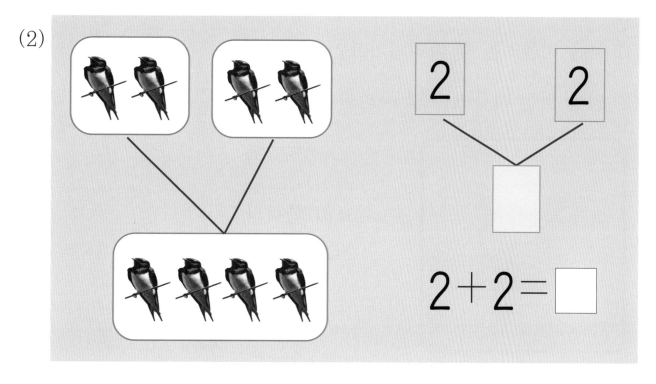

$2 + 2 = \square$

15. 5 이하의 뺄셈

⭐ 뺄셈을 하세요.

(1) 처음 비둘기는 몇 마리인가요? ☐ 마리

(2) 남아 있는 비둘기는 몇 마리인가요? ☐ 마리

빼기는 ㅡ로 표시 합니다.

15. 5 이하의 뺄셈

⭐ 뺄셈을 하세요.

⭐ 4명이 풍선을 들고 있다가 1명이 풍선을 날려 바렸습니다.

⭐ 남은 풍선은 몇 개인가요? | 개 |

⭐ 식은 다음과 같이 만들 수 있습니다.

⭐ 처음에 들고 있던 풍선 수 4에서 날아간 풍선 수 1 을 뺀다.

$$4 - 1 = \boxed{3}$$

15. 5 이하의 뺄셈

⭐ 뺄셈을 하세요.

(1)

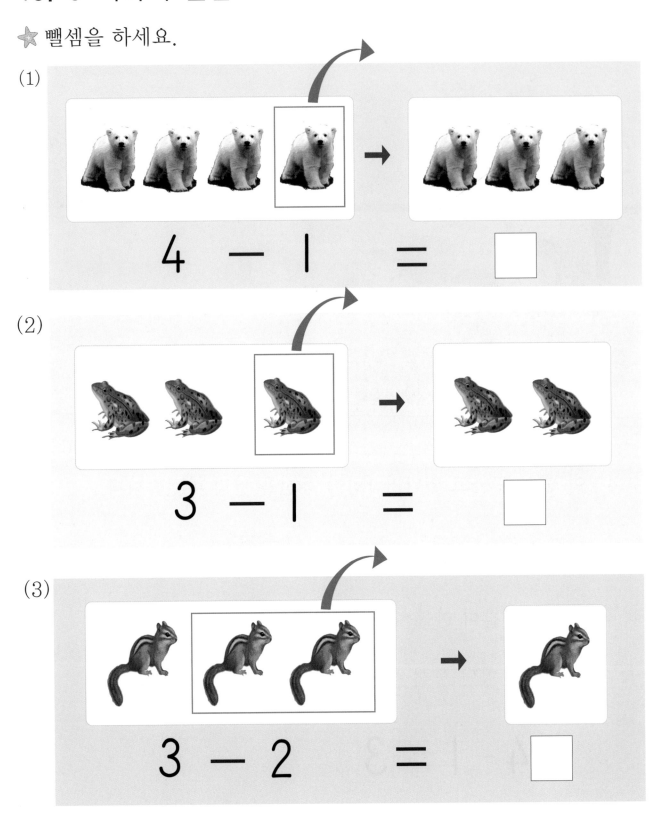

$$4 - 1 = \boxed{}$$

(2)

$$3 - 1 = \boxed{}$$

(3)

$$3 - 2 = \boxed{}$$

15. 5 이하의 뺄셈

⭐ 뺄셈을 하세요.

(1)

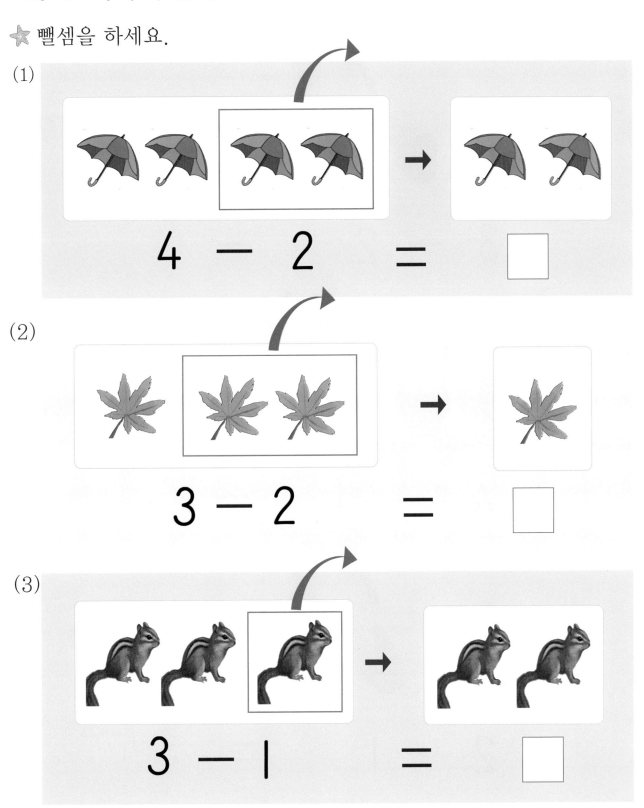

$$4 - 2 = \boxed{}$$

(2)

$$3 - 2 = \boxed{}$$

(3)

$$3 - 1 = \boxed{}$$

15. 5 이하의 뺄셈

⭐ 뺄셈을 하세요.

(1)

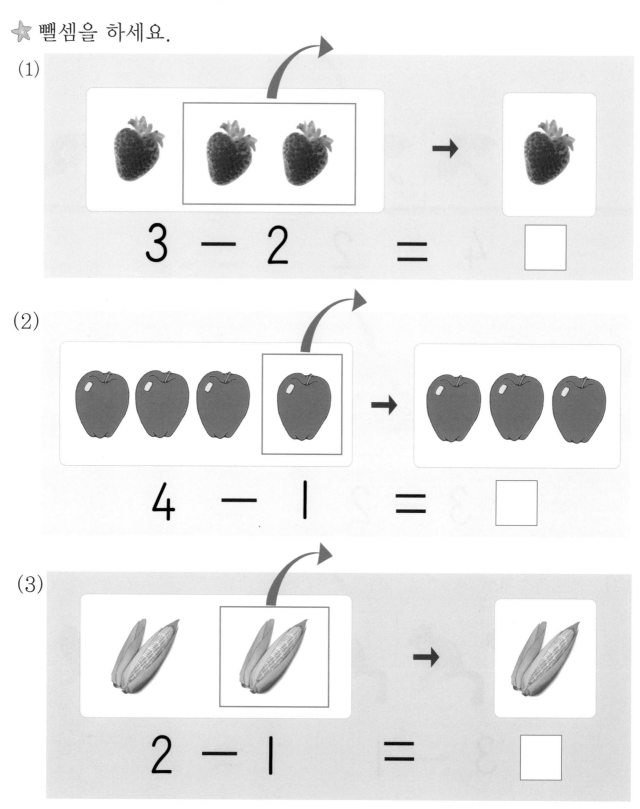

$$3 - 2 = \boxed{}$$

(2)

$$4 - 1 = \boxed{}$$

(3)

$$2 - 1 = \boxed{}$$

15. 5 이하의 뺄셈

⭐ 뺄셈을 하세요.

(1)

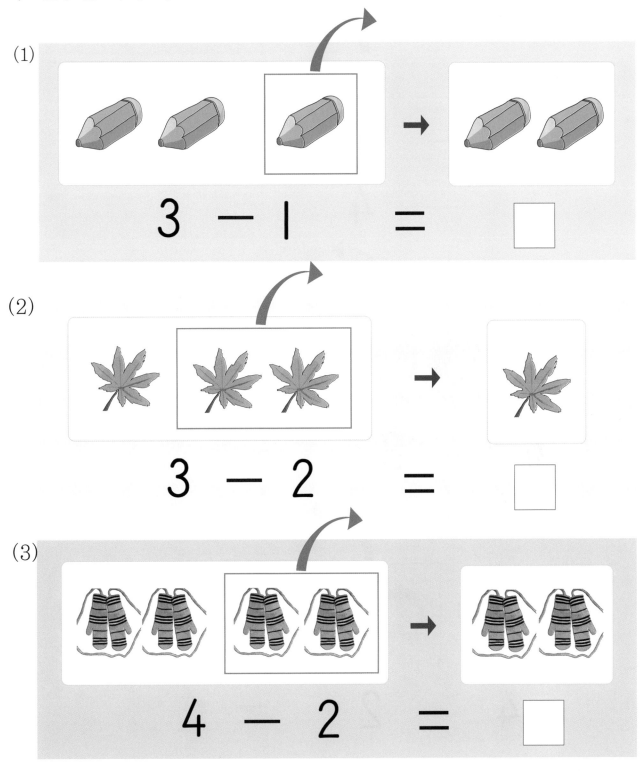

$$3 - 1 = \boxed{}$$

(2)

$$3 - 2 = \boxed{}$$

(3)

$$4 - 2 = \boxed{}$$

15. 5 이하의 뺄셈

⭐ 뺄셈을 하세요.

(1)

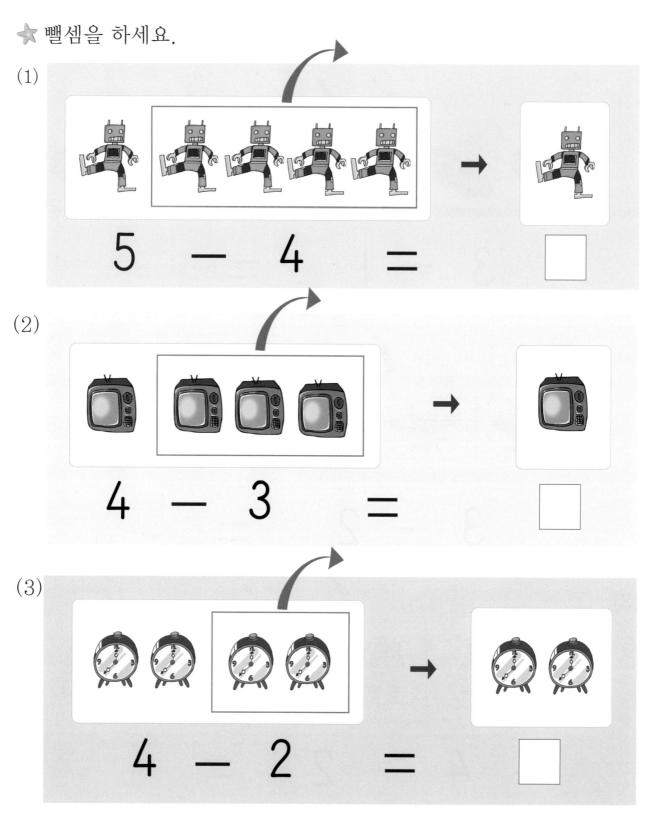

$$5 - 4 = \boxed{}$$

(2)

$$4 - 3 = \boxed{}$$

(3)

$$4 - 2 = \boxed{}$$

15. 5 이하의 뺄셈

★ 뺄셈을 하세요.

(1)

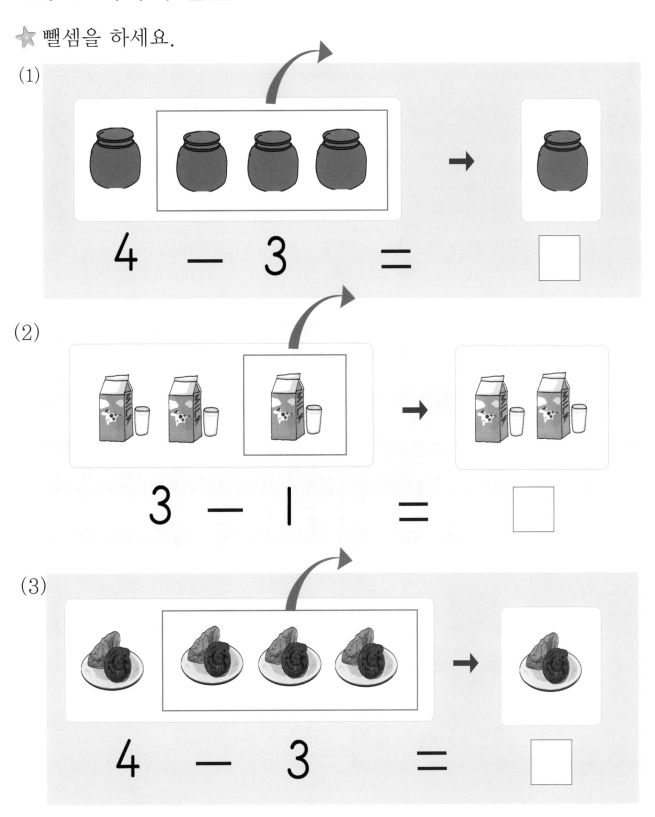

$$4 - 3 = \boxed{}$$

(2)

$$3 - 1 = \boxed{}$$

(3)

$$4 - 3 = \boxed{}$$

15. 5 이하의 뺄셈

⭐ 덧셈을 하세요.

(1)
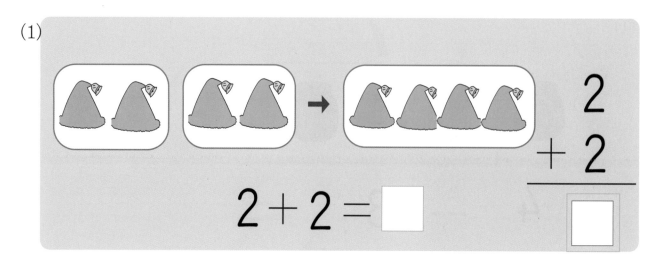

$$2 + 2 = \boxed{}$$

$$\begin{array}{r} 2 \\ + 2 \\ \hline \boxed{} \end{array}$$

(2)

$$1 + 1 = \boxed{}$$

$$\begin{array}{r} 1 \\ + 1 \\ \hline \boxed{} \end{array}$$

(3)

$$2 + 1 = \boxed{}$$

$$\begin{array}{r} 2 \\ + 1 \\ \hline \boxed{} \end{array}$$

15. 5 이하의 뺄셈

★ 덧셈을 하세요.

(1)

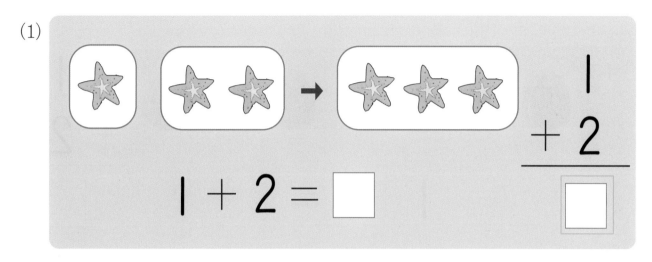

$1 + 2 = \boxed{}$

$$\begin{array}{r} 1 \\ + 2 \\ \hline \boxed{} \end{array}$$

(2)

$2 + 1 = \boxed{}$

$$\begin{array}{r} 2 \\ + 1 \\ \hline \boxed{} \end{array}$$

(3)

$1 + 1 = \boxed{}$

$$\begin{array}{r} 1 \\ + 1 \\ \hline \boxed{} \end{array}$$

16, 5 이하의 덧셈과 뺄셈

⭐ 덧셈을 하세요.

(1)

$1 + 2 = \boxed{}$

$$\begin{array}{r} 1 \\ +\ 2 \\ \hline \boxed{} \end{array}$$

(2)

$2 + 1 = \boxed{}$

$$\begin{array}{r} 2 \\ +\ 1 \\ \hline \boxed{} \end{array}$$

(3)

$2 + 1 = \boxed{}$

$$\begin{array}{r} 2 \\ +\ 1 \\ \hline \boxed{} \end{array}$$

16, 5 이하의 덧셈과 뺄셈

★ 덧셈을 하세요.

(1)

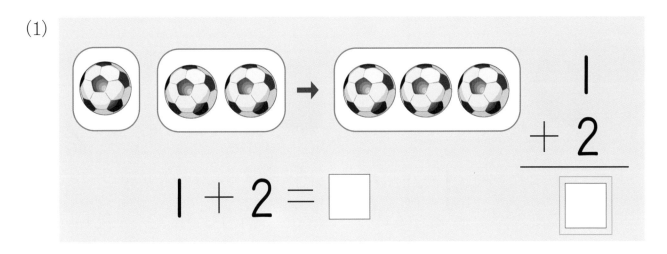

$$1 + 2 = \boxed{}$$

$$\begin{array}{r} 1 \\ + 2 \\ \hline \boxed{} \end{array}$$

(2)

$$1 + 1 = \boxed{}$$

$$\begin{array}{r} 1 \\ + 1 \\ \hline \boxed{} \end{array}$$

(3)

$$2 + 1 = \boxed{}$$

$$\begin{array}{r} 2 \\ + 1 \\ \hline \boxed{} \end{array}$$

16, 5 이하의 덧셈과 뺄셈

⭐ 덧셈을 하세요.

(1)

$$1 + 2 = \boxed{}$$

$$\begin{array}{r} 1 \\ + 2 \\ \hline \boxed{} \end{array}$$

(2)

$$2 + 1 = \boxed{}$$

$$\begin{array}{r} 2 \\ + 1 \\ \hline \boxed{} \end{array}$$

(3)

$$1 + 1 = \boxed{}$$

$$\begin{array}{r} 1 \\ + 1 \\ \hline \boxed{} \end{array}$$

16, 5 이하의 덧셈과 뺄셈

⭐ 덧셈을 하세요.

(1)

$$2 + 1 = \boxed{}$$

$$\begin{array}{r} 2 \\ + 1 \\ \hline \boxed{} \end{array}$$

(2)

$$1 + 1 = \boxed{}$$

$$\begin{array}{r} 1 \\ + 1 \\ \hline \boxed{} \end{array}$$

(3)

$$3 + 1 = \boxed{}$$

$$\begin{array}{r} 3 \\ + 1 \\ \hline \boxed{} \end{array}$$

16, 5 이하의 덧셈과 뺄셈

⭐ 뺄셈을 하세요.

(1)

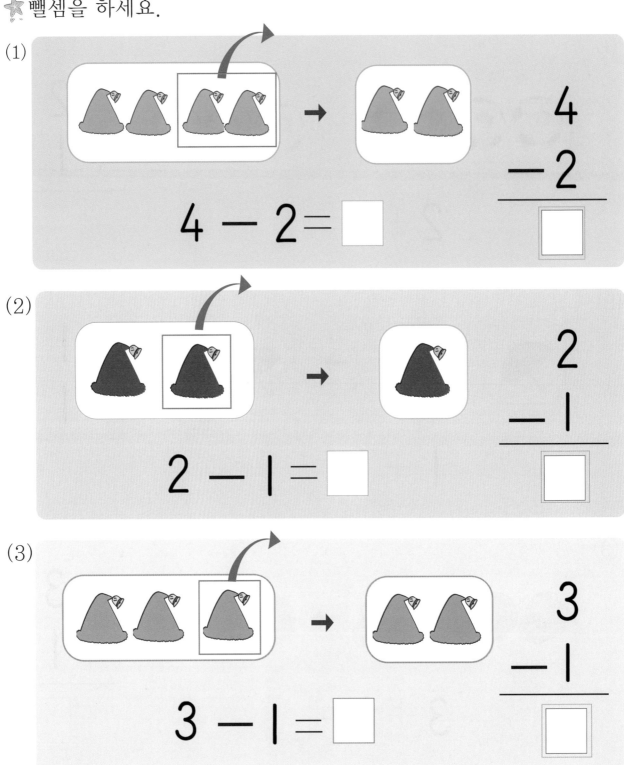

$$4 - 2 = \boxed{}$$

$$\begin{array}{r} 4 \\ -\ 2 \\ \hline \boxed{} \end{array}$$

(2)

$$2 - 1 = \boxed{}$$

$$\begin{array}{r} 2 \\ -\ 1 \\ \hline \boxed{} \end{array}$$

(3)

$$3 - 1 = \boxed{}$$

$$\begin{array}{r} 3 \\ -\ 1 \\ \hline \boxed{} \end{array}$$

16, 5 이하의 덧셈과 뺄셈

⭐ 뺄셈을 하세요.

(1)

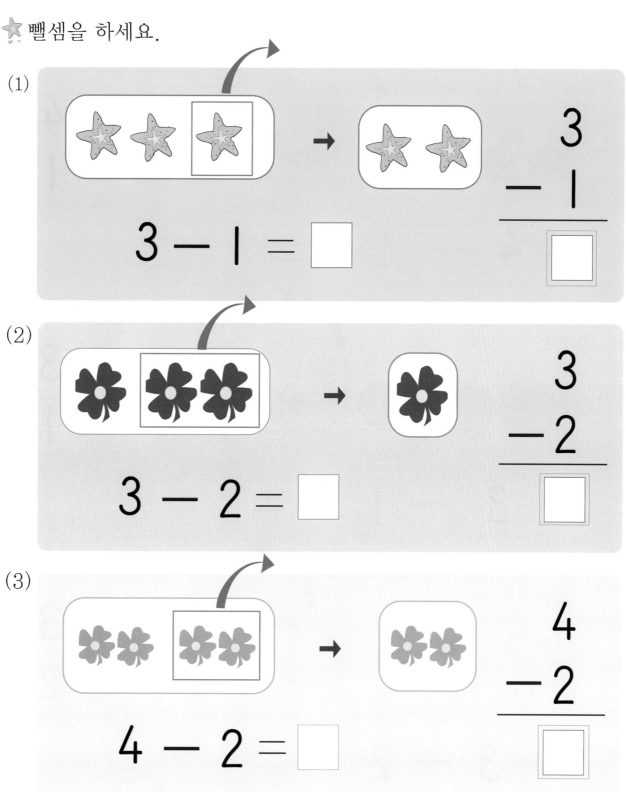

$$3 - 1 = \boxed{}$$

$$\begin{array}{r} 3 \\ -\ 1 \\ \hline \boxed{} \end{array}$$

(2)

$$3 - 2 = \boxed{}$$

$$\begin{array}{r} 3 \\ -\ 2 \\ \hline \boxed{} \end{array}$$

(3)

$$4 - 2 = \boxed{}$$

$$\begin{array}{r} 4 \\ -\ 2 \\ \hline \boxed{} \end{array}$$

16, 5 이하의 덧셈과 뺄셈

⭐ 뺄셈을 하세요.

(1)

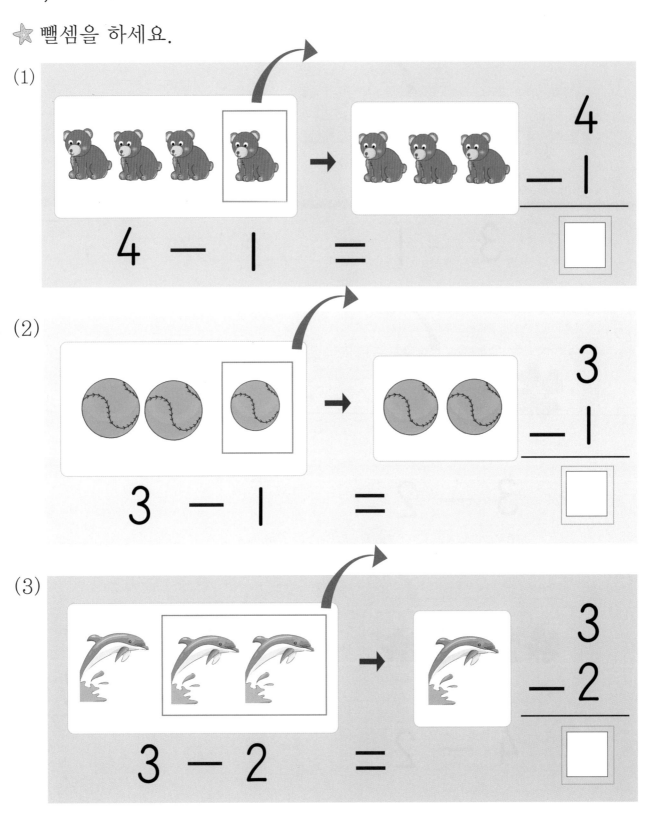

$$4 - 1 =$$

$$\begin{array}{r} 4 \\ -\ 1 \\ \hline \square \end{array}$$

(2)

$$3 - 1 =$$

$$\begin{array}{r} 3 \\ -\ 1 \\ \hline \square \end{array}$$

(3)

$$3 - 2 =$$

$$\begin{array}{r} 3 \\ -\ 2 \\ \hline \square \end{array}$$

16, 5 이하의 덧셈과 뺄셈

★ 뺄셈을 하세요.

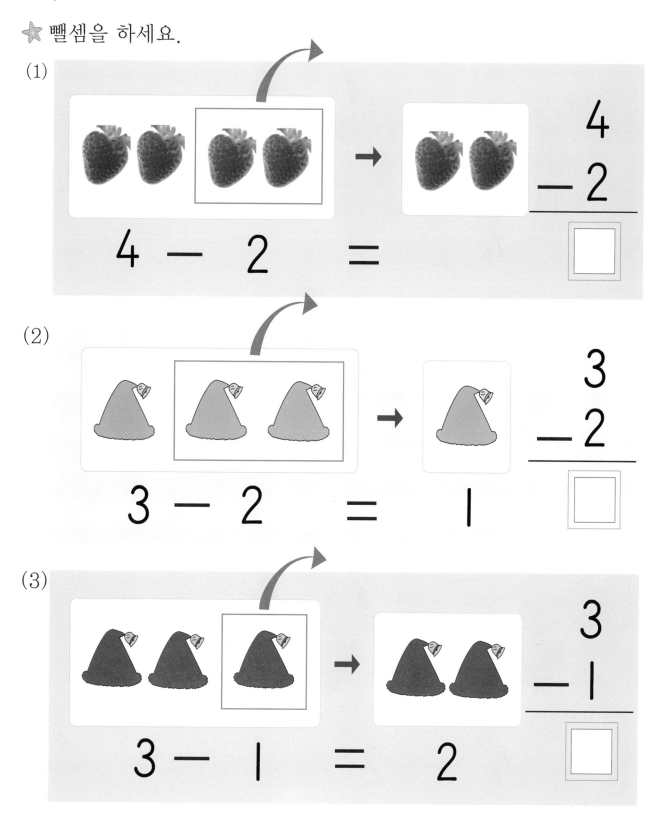

(1)

4 − 2 =

$$4 - 2 = \boxed{}$$

(2)

3 − 2 = 1

$$3 - 2 = \boxed{}$$

(3)

3 − 1 = 2

$$3 - 1 = \boxed{}$$

16, 5 이하의 덧셈과 뺄셈

⭐ 뺄셈을 하세요.

(1)

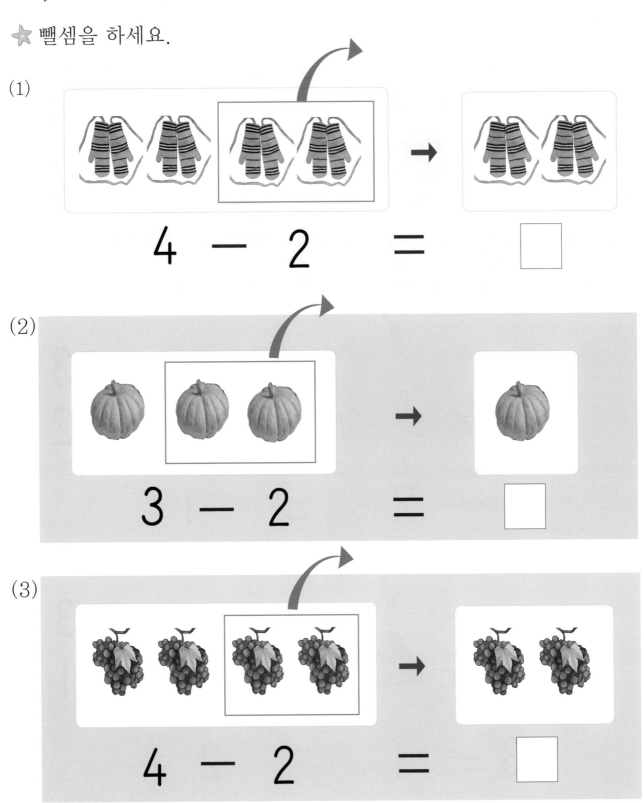

$$4 - 2 = \boxed{}$$

(2)

$$3 - 2 = \boxed{}$$

(3)

$$4 - 2 = \boxed{}$$

16, 5 이하의 덧셈과 뺄셈

⭐ 뺄셈을 하세요.

(1)

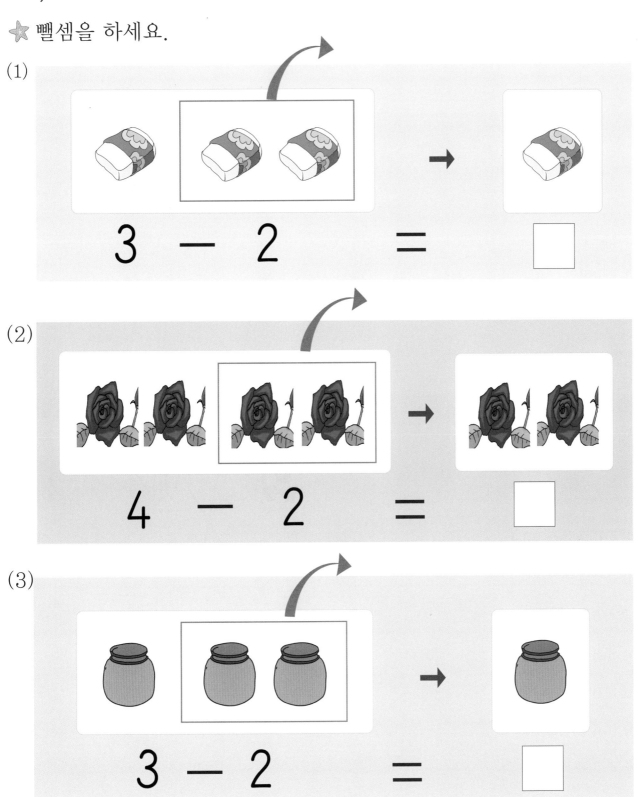

$3 - 2 = $ ☐

(2)

$4 - 2 = $ ☐

(3)

$3 - 2 = $ ☐

1. 5까지의 수

(1)서로 알맞은 것끼리 연결 하시오.

3-삼, 1-일, 2-이, 5-오, 4-사

(2)아래 수를 순서대로 늘어놓으시오.

1,2,3,4,5

p. 8~9 ,10~11

생략

p. 12~25

생략

p. 26 ~27

1.5 6 7 8 9 10

2.5 6 7 8 9 10

3.4 5 6 7 8 9

4.5 6 7 8 9 10

5.5 6 7 8 9 10

6.5 6 7 8 9 10

7.4 5 6 7 8 9

8.6 7 8 9 10 11

p. 34~35

생략

p. 34~35

생략

p. 36

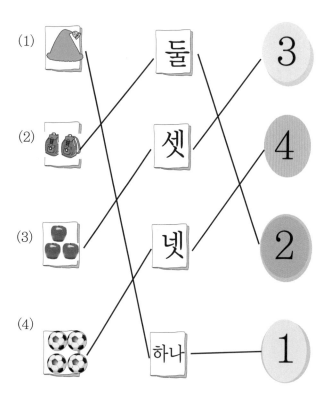

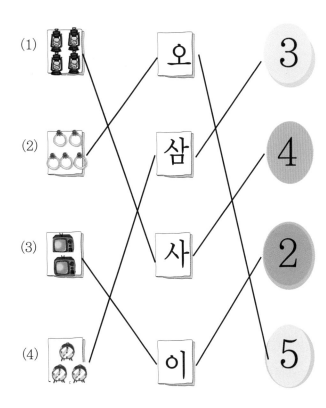

(1)
(2)
(3)
(4)

오 삼 사 이

3 4 2 5

p.49~51

(1) 적습   (2) 많습   (3) 적습

(1) 많습   (2) 많 습   (3) 많습

(1) 적습   (2)적습   (3) 적습

p.54~55

1.   >   2 >

3   <   4 <

1   <   2 >

3   <   4 >

p.56

1.   <   2 >

3   <   4 <

5   >   6 >

7   >   8 >

9   >   10 >

11 <   12 >

p.57

1. 2 — ③ — 4

2. 6 — ⑦ — 8

3. 7 — ⑧ — 9

4. 3 — ④ — 5

5. 4 — ⑤ — 6

6. 1 — ② — 3

7. 4 — ⑤ — 6

8. 7 — ⑧ — 9

9. 6 — ⑦ — 8

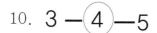

10. 3 —④— 5

11 2 —③— 4

12 5 —⑥— 7

p.58~65

생략

p.66

1.
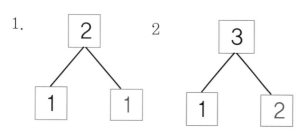
2

p.67

1.
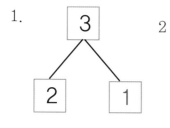
2

p.68

1.
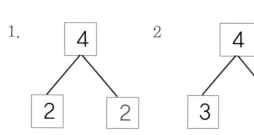
2

p.69

1.
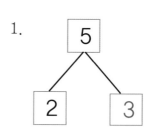
2

p.70

1.
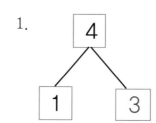
2

p.71

1.
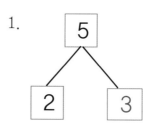
2

p.72

1.
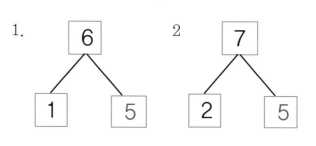
2

p.73

1.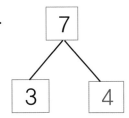

2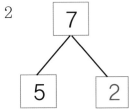

p.77

1.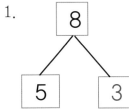

2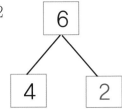

p.74

1.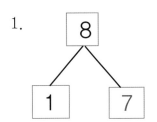

2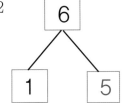

p.78

1.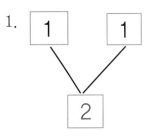

2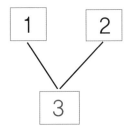

p.75

1.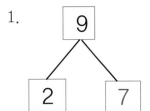

2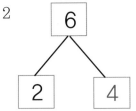

p.79

1.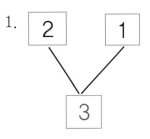

2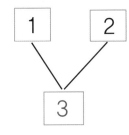

p.76

1.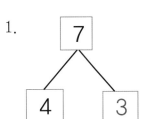

2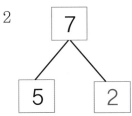

p.80

1.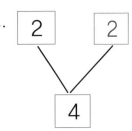

2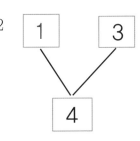

125

1.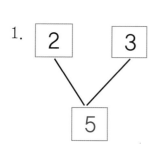

2

1.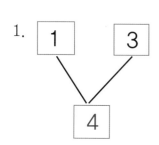

2

1.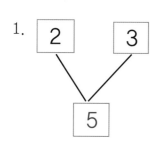

2

1.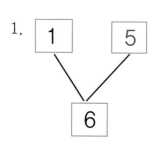

2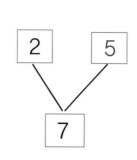

1.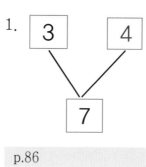

2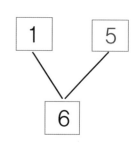

1.

2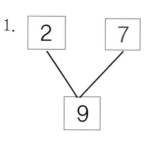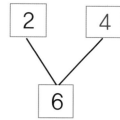

1.

2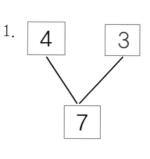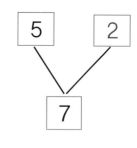

1.

2

수학 1-126

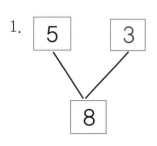

기초튼튼

어린이 **수학** 1

초판 발행 2020년 1월 2일

글 편집부

펴낸이 서영희 | **펴낸곳** 와이 앤 엠

편집 최성원 **본문 그림** 정수영

본문인쇄 신화 인쇄 | **제책** 세림 제책

제작 이윤식 | **마케팅** 강성태

주소 120-100 서울시 서대문구 홍은동 376-28

전화 (02)308-3891 | Fax (02)308-3892

E-mail yam3891@naver.com

등록 2007년 8월 29일 제312-2007-00004호

ISBN 978-89-93557-95-4 63710

본사는 출판물 윤리강령을 준수합니다.